# essentials

*essentials* liefern aktuelles Wissen in konzentrierter Form. Die Essenz dessen, worauf es als „State-of-the-Art" in der gegenwärtigen Fachdiskussion oder in der Praxis ankommt. *essentials* informieren schnell, unkompliziert und verständlich

- als Einführung in ein aktuelles Thema aus Ihrem Fachgebiet
- als Einstieg in ein für Sie noch unbekanntes Themenfeld
- als Einblick, um zum Thema mitreden zu können

Die Bücher in elektronischer und gedruckter Form bringen das Expertenwissen von Springer-Fachautoren kompakt zur Darstellung. Sie sind besonders für die Nutzung als eBook auf Tablet-PCs, eBook-Readern und Smartphones geeignet. *essentials:* Wissensbausteine aus den Wirtschafts, Sozial- und Geisteswissenschaften, aus Technik und Naturwissenschaften sowie aus Medizin, Psychologie und Gesundheitsberufen. Von renommierten Autoren aller Springer-Verlagsmarken.

Weitere Bände in der Reihe http://www.springer.com/series/13088

Lars Tischler

# Diskrepanzkriterien in der Diagnostik von Legasthenie und Dyskalkulie

## Eine kritische Auseinandersetzung zur Orientierung in der diagnostischen Praxis

Lars Tischler
Medical School Hamburg
Hamburg, Deutschland

ISSN 2197-6708          ISSN 2197-6716   (electronic)
essentials
ISBN 978-3-658-25157-4          ISBN 978-3-658-25158-1   (eBook)
https://doi.org/10.1007/978-3-658-25158-1

Die Deutsche Nationalbibliothek verzeichnet diese Publikation in der Deutschen Nationalbiblio-
grafie; detaillierte bibliografische Daten sind im Internet über http://dnb.d-nb.de abrufbar.



Springer ist ein Imprint der eingetragenen Gesellschaft Springer Fachmedien Wiesbaden GmbH
und ist ein Teil von Springer Nature
Die Anschrift der Gesellschaft ist: Abraham-Lincoln-Str. 46, 65189 Wiesbaden, Germany

# Was Sie in diesem *essential* finden können

- Eine Darstellung der grundsätzlichen Konzeptualisierung der umschriebenen Entwicklungsstörungen schulischer Fertigkeiten (Legasthenie und Dyskalkulie) als erwartungswidrige Minderleistung
- Eine Einführung in unterschiedliche Vorgehensweisen zur Bestimmung der zur Diagnosestellung verwendeten Leistungsdiskrepanzen (Bezugsgruppen- und IQ-Diskrepanz)
- Eine Einführung in testtheoretische Überlegungen zur Interpretation von Testergebnissen, Cutoff-Werten und Messwertdifferenzen
- Eine Orientierung gebende Diskussion über die Verwendung unterschiedlicher diagnostischer Kriterien bei Legasthenie und Dyskalkulie

# Inhaltsverzeichnis

# Diagnostik – unterscheiden und entscheiden  1

Mit der Diagnostik von umschriebenen Entwicklungsstörungen schulischer Fertigkeiten (UESF) – Beeinträchtigungen im Erwerb der Kulturtechniken – verhält es sich wie mit der Diagnostik anderer psychischer Störungen: Für eine belastbare Diagnose bedarf es mehr als des bloßen Generierens von Testwerten, seien es Prozentränge, T- oder z-Werte: fundierter psychologischer Kenntnisse. Dennoch bezieht sich die vorliegende Arbeit ausschließlich auf den Umgang mit Testwerten, namentlich mit dem Ergebnis von Diagnostika zur Messung der Intelligenz (Intell.) und Tests zur Überprüfung der schulischen Fertigkeiten (SF) Lesen, Schreiben und Rechnen sowie deren Verhältnis zueinander.

Eine Relativierung der Messergebnisse erfolgt anhand unterschiedlicher Bezugsrahmen. Unser Augenmerk wird sich hierbei richten auf das sogenannte *Doppelte Diskrepanzkriterium* bestehend aus *IQ-Diskrepanz* (IQD)[1] und *Bezugsgruppendiskrepanz* (BGD) und deren Sinnhaftigkeit – hier insbesondere der IQD.

Diagnostikerinnen und Diagnostiker sollten verstehen, dass die diagnostische Tätigkeit grundsätzlich durch die theoretische Konzeptualisierung des zu Diagnostizierenden bestimmt wird, hier die Konzeptualisierung der Lese- und Rechtschreib- sowie Rechenstörung als *umschrieben*. Die Diagnostik als systematisches Vorgehen stellt dann eine *operationale Definition* der Störung dar. Eine wesentliche Frage besteht entsprechend darin, ob die vorherrschenden diagnostischen Kriterien tatsächlich eine angemessene Operationalisierung der wissenschaftlichen Konzeptualisierung von UESF darstellen. Und da die Operationalisierung der Konzeptualisierung ausnahmslos *folgt,* kann sich eine Diskussion um diagnostische Kriterien niemals allein auf die Operationalisierung beziehen.

---

[1] IQ = Intelligenzquotient als Ergebnis eines Intelligenztests.

Eine besondere Rolle spielt hier die Diagnostik im Dienste der Forschung. Da diese grundsätzlich unter anderen Bedingungen stattfindet als die klinische Diagnostik, können hier abweichende Operationalisierungen etabliert werden, die sich unter klinischen oder pädagogischen Bedingungen als unpassend erweisen. Hierzu gehören etwa die für die klinische Praxis völlig ungeeigneten *Forschungskriterien* (FK; s. etwa Dilling et al. 2011; s. Abschn. 3.1).

Zusammenfassend lassen sich folgende Leitfragen für die vorliegende Arbeit formulieren: Stellen die zur Verfügung stehenden diagnostischen Kriterien und klinischen Leitlinien geeignete Operationalisierungen der wissenschaftlichen Konzeptualisierung von UESF dar? Und – was sich als weitaus grundlegender erweist –, ist diese Konzeptualisierung tatsächlich stichhaltig?

# Teilhabe – Bedeutung von Lesen, Schreiben und Rechnen als Kulturtechniken

2

Als Mittel der Kommunikation dienen die Kulturtechniken in Wort und Schrift der Gestaltung von Kultur und Gesellschaft. Die besondere Bedeutung von Lesen, Rechtschreibung und Rechnen für eine solche kulturelle *Teilhabe* hebt entsprechende Schwierigkeiten in den Rang einer *Störung* gemäß *Internationaler Klassifikation der Krankheiten und verwandter Gesundheitsprobleme, 10. Revision, German Modification* (ICD-10-GM); Deutsches Institut für Medizinische Dokumentation und Information, 2018 [DIMDI]). Legasthenie und Dyskalkulie werden hier klassifiziert als *Lese- und Rechtschreibstörung* (F81.0), *isolierte Rechtschreibstörung* (F81.1), *Rechenstörung* (F81.2) *und kombinierte Störungen schulischer Fertigkeiten* (F81.3) (vgl. Fn 2).

Auch im Zusammenhang mit einer *Behinderung* (s. § 2 SGB IX, Art. 3 Abs. 3 S. 2 GG, § 35a SGB VIII) erweisen sich UESF als bedeutsam. Eine besondere Bedeutung kommt hier dem Begriff der Teilhabe zu. Er findet sich als Rechtsbegriff im Zusammenhang mit der sogenannten *seelischen Behinderung* als „Beeinträchtigung … [der] Teilhabe am Leben in der Gesellschaft" (§ 35a SGB VIII, Abs. 1, S. 2) sowie dem grundsätzlicheren Behinderungsbegriff als „einstellungs- und umweltbedingten Barrieren an der gleichberechtigten Teilhabe an der Gesellschaft" (§ 2 SGB IX, Abs. 1, S. 1; vgl. Bundesministerium für Arbeit und Soziales 2008, GdB-Tabelle S. 45) in der bundesdeutschen Sozialgesetzgebung. Als wesentlich erweist sich, dass nicht die UESF selbst eine Behinderung darstellt, sondern lediglich eine *Beeinträchtigung* (§ 2 SGB IX), die an der Teilhabe hindert (ebd.) beziehungsweise zu einer *Abweichung von der seelischen Gesundheit* (§ 35 a SGB VIII) führt, die wiederum Teilhabe beeinträchtigt. Von einer Behinderung im Zusammenhang mit der UESF kann de iure also erst bei gleichzeitigem Bestehen einer – medizinisch ausgedrückt – Schädigungs*folge* gesprochen werden. Dies ist die Behinderung an der Teilhabe an der Gesellschaft.

© Springer Fachmedien Wiesbaden GmbH, ein Teil von Springer Nature 2019    3
L. Tischler, *Diskrepanzkriterien in der Diagnostik von Legasthenie und Dyskalkulie*, essentials, https://doi.org/10.1007/978-3-658-25158-1_2

Eine entsprechende psychologisch-medizinisch orientierte Definition findet sich in der *Internationalen Klassifikation der Funktionsfähigkeit, Behinderung und Gesundheit* (ICF)[1] der Weltgesundheitsorganisation (WHO 2002). Eine Behinderung *(disability)* ist hier ausgezeichnet durch „impairments [Schädigungen], activity limitations [Beeinträchtigungen der Aktivität] and participation restrictions [Beeinträchtigungen der Teilhabe]" (WHO 2002, S. 10), wobei eine „Beeinträchtigung der Partizipation (Teilhabe) … Probleme [sind], die ein Mensch beim Einbezogensein in eine Lebenssituation erlebt" (DIMDI 2005, S. 16, 95 ff.).

Bereits an dieser Stelle kann festgestellt werden – und hierin muss die Bedeutung für die vorliegende Arbeit gesehen werden –, dass der eigentliche Störungswert der UESF aus einer Beeinträchtigung der Teilhabe resultiert. Ein Vorgriff sei gestattet: Dies meint im Gegensatz zu der ursprünglichen Konzeptualisierung der UESF (vgl. Linder 1951) nicht *Underachievement* (s. Thorndike 1963) und IQD, sondern Bezugsgruppendiskrepanz! Die Leserschaft möge sich dessen bei der weiteren Lektüre gewahr sein.

## 2.1  Was heißt Umschriebene Entwicklungsstörung schulischer Fertigkeiten?

*Störung:* Der Störungsbegriff wird in der ICD-10 an die Stelle der *Krankheit* oder *Erkrankung* gesetzt. Er soll trotz mangelnder Präzision und entgegen dem ätiologisch stark medizinisch geprägten Begriff der Nosologie eine phänomenologische Sichtweise befördern, um von „den konzeptuellen Vorurteilen zu abstrahieren, sie auszuklammern, um zum Phänomen vorzustoßen, das dann je unterschiedlich interpretiert werden kann (und wahrscheinlich muss)" (Küchenhoff 2006, S. 207; nosologische Abstinenz und phänomenologische Reduktion).

*Umschrieben:* Umschrieben meint entgegen einer globalen Lernbehinderung (aufgrund einer Intell.minderung) eine Störung spezifischer Leistungsbereiche *(specific* learning disorder; DSM-5, American Psychiatric Association [APA] 2013).

*Fertigkeit:* Der Fertigkeitenbegriff beschreibt eine *erlernte* Aktivität, hier den Erwerb der Kulturtechniken nach Einsetzen der formalen Beschulung auf Basis angeborener Fähigkeiten.

*Entwicklung:* Als Entwicklungsstörung erweist sich die UESF aufgrund der ihr zugrunde liegenden Einschränkung und Verzögerung von *Funktionen,* die

---

[1]ICF = International Classification of Functioning, Disability and Health.

eng verbunden sind mit der biologischen Reifung des zentralen Nervensystems (DIMDI 2018). Der Störungsbeginn liegt demnach *ausnahmslos* im Kleinkindalter und in der Kindheit, also eindeutig vor Einsetzen der formalen Beschulung. Bei einer solchen Neuroentwicklungsstörung[2] *(neurodevelopmental disorder)* kommt es erst später zu „impairments of personal, social, *academic,* and occupational functioning" (American Psychiatric Association [APA] 2013, S. 31; Hervorhebung v. Verf.).

Unter Funktionen sind die *spezifischen,* den Fertigkeiten zugrunde liegenden, angeborenen Fähigkeiten oder neuropsychologischen Domänen beziehungsweise allgemeinpsychologischen Informationsverarbeitungsprozesse zu verstehen, „the individual's ability to perceive or process information efficiently and accurately" (APA 2013, S. 32). Die vormals latenten Funktionsstörungen *manifestieren* sich demgemäß erst dann als UESF, wenn mit Einsetzen der formalen Beschulung ein bestimmtes Funktionsbündel in einer entsprechend spezifischen Konstellation angesprochen wird.

Auch Intell.minderungen werden im DSM-5 als solche – im Gegensatz zur UESF allerdings *globale* – entwicklungsbezogenen Funktionsstörungen konzipiert. Die Leserschaft wird vorwegnehmend den Schluss ziehen können, dass sich der Unterschied zwischen globaler und spezifischer Störung in entsprechend homo- oder heterogenen Intell.profilen wird wiederfinden lassen müssen (s. Kap. 7; vgl. Anastasi 1984, S. 135).

## 2.2  Wissenschaftliche Konzeptualisierung der UESF als erwartungswidrige Minderleistung – Intelligenz, Bezugsgruppe und Doppeltes Diskrepanzkriterium

Die theoretische Fundierung der UESF als *erwartungswidrige Minderleistung* findet sich in Grundzügen bereits bei Dejerine (1892) und Hinshelwood (1917). Für den deutschen Sprachraum erweist sich die Arbeit von Maria Linder (1951) als einflussreich. Legasthenie sei demnach „eine spezielle, aus dem Rahmen der übrigen Leistung fallende Schwäche im Erlernen des Lesens (und indirekt auch des

---

[2]In der ICD-11 werden die UESF ebenfalls unter die neurodevelopmental disorders gefasst als 6A03 developmental learning disorders (DLD): 6A03.0 DLD with impairment in reading, 6A03.1 DLD with impairment in written expression, 6A03.2 DLD with impairment in mathematics.

selbstständigen, fehlerfreien Schreibens) bei sonst intakter oder – im Verhältnis zur Lesefertigkeit – relativ guter Intelligenz" (Linder 1951, zit. n. Klasen 1971, S. 11).

Eine solches Underachievement (Terman 1925; Thorndike 1963; vgl. Hanses und Rost 1998) bezieht sich dabei ursprünglich allein auf eine von der Intell. der Person abweichende Leistung. Dies meint das Ergebnis in einem Intell.diagnostikum, ausgedrückt als IQ, und das Ergebnis in einem Fertigkeitendiagnostikum (Lesen, Schreiben, Rechnen), ausgedrückt als Prozentrang (PR) oder idealiter als sogenannter *T-Wert*[3] (s. Abschn. 4.2). Eine erwartungswidrige Minderleistung liegt entsprechend dann vor, wenn der ermittelte T-Wert deutlich unterhalb desjenigen T-Wertes liegt, der aufgrund des gegebenen individuellen IQ der Testperson eigentlich zu erwarten wäre. Für die entsprechende Operationalisierung gilt es dann weiters, Einigkeit über den Grad der Abweichung zu erzielen, ab dem mit Gewissheit von einer bedeutsamen und mit Sicherheit nicht mehr zufälligen Abweichung ausgegangen werden kann. Die Abweichung selbst wird in diesem Zusammenhang *Diskrepanz* genannt, genauer IQD. Es wird zu zeigen sein, auf welche Weise sie zu bestimmen ist: mittels *Subtraktions-* oder aber *Regressionsmethode*. Als wesentlich erweist sich: Die IQD wird individuell, ohne einen Vergleich mit der Leistung anderer Personen (Bezugsgruppe), bestimmt.

Es erweist sich für den weiteren Verlauf der Lektüre als wesentlich, dass die Intell. im Konzept des Underachievements als *Lernpotenzial* betrachtet wird, das sich in den SF widerspiegelt. Hieraus resultiert die Annahme, dass bei Normalgesunden die Leistung in den SF der Intell.leistung stets voll entsprechen müsse. Statistisch ausgedrückt meint dies eine Korrelation $r = 1$[4] zwischen IQ und SF, die hier – wie gezeigt werden wird – fälschlicherweise als linear deterministisch angenommen wird.

Mit Bezug auf sogenannte *Teilleistungsstörungen* und *-schwächen* (vgl. Graichen 1973; Luria 1970) oder (neurogenen) Lernschwächen sprechen etwa Johnson und Myklebust hingegen von „Ausfallerscheinungen, die in den verschiedenen

---

[3]Eine Angabe von Testergebnissen als sogenannte Prozenträge von 1 bis 100 erweist sich als für Laien anschaulicher, aus fachlicher Sicht jedoch als wenig sinnvoll. Bei Prozenträngen handelt es ich nicht um standardisierte Normwerte, sodass auf ihrer Grundlage schwerlich die zur Diagnosestellung erforderlichen Berechnungen durchgeführt werden können. T-Werte hingegen verfügen über Intervallskalenniveau und einen Mittelwert $\bar{x}$.

[4]Pearson-Korrelationskoeffizient $r = \dfrac{\sum_{i=1}^{n}\left(x_i-\bar{x}\right)\left(y_i-\bar{y}\right)}{\sqrt{\sum_{i=1}^{n}\left(x_i-\bar{x}\right)^2 \sum_{i=1}^{n}\left(y_i-\bar{y}\right)^2}} = \dfrac{s_{xy}}{s_x \cdot s_y}$

Bereichen schulischen und sozialen Lernens den Lernerfolg bei sonst gesunden, *altersgemäß entwickelten* Kinder gefährden" (1980, S. 13; Hervorhebung v. Verf.). Hier wird Erwartungswidrigkeit nicht anhand des IQ, sondern als Abweichung vom chronologischen Alter konzipiert (vgl. Wilson und Cone 1984, S. 96). Dieser Leistungsunterschied zur Gruppe Gleichaltriger entspricht der BGD.

Die defizitäre SF kann zusammengefasst anhand zweier Größen relativiert werden: Bezugsgruppe (sozialer Vergleich, BGD) und Intell. (*ipsativer*[5] (Catell 1944) Vergleich, IQD). Die SF liegt bei UESF entsprechend „unter dem Niveau, das aufgrund des Alters [und] der allgemeinen Intelligenz …" (Remschmidt et al. 2017, S. 355) zu *erwarten* wäre.

Hiermit ist die Integration beider Diskrepanzen als *Doppeltes Diskrepanz-kriterium*[6] formuliert. Bevor wir uns jedoch eingehender mit den verschiedenen Möglichkeiten der Bestimmung beschäftigen, erweist sich ein Blick auf die zur Verfügung stehenden diagnostischen Kriterien, klinischen Leitlinien und Klassi-fikationssysteme als aufschlussreich, in denen das (bisher nicht abschließend kon-sentierte) Doppelte Diskrepanzkriterium spezifiziert wird.

---

[5]zu lat. ipse = selbst, eigen.

[6]Kriterium meint hier eine kritischen „Wert [Diskrepanz bzw. Bedingung], bei dessen Erreichung oder Überschreitung eine alternative Entscheidung in ihr Gegenteil umschlägt" (Mikula 1998, S. 471 f; z. B. Diagnose ja – nein).

# Klassifikation, Leitlinie, Kriterium – es ist nicht dasselbe

Entgegen weitverbreiteter Meinung beinhaltet die ICD-10-GM lediglich knappe Symptombeschreibungen, jedoch weder klinische Leitlinien noch diagnostische Kriterien. Vielmehr handelt es sich um eine „amtliche Diagnosenklassifikation. Sie ist die unveränderte Übersetzung der englischsprachigen ICD-10" (DIMDI 2015). Sie dient unter anderem der „Diagnosenverschlüsselung in der ambulanten Versorgung zur Dokumentation der Arbeitsunfähigkeit und zu Abrechnungszwecken" (DIMDI 2015). Die gemeinfreie Publikation wird vom DIMDI als einer dem Bundesgesundheitsministerium nachgeordneten Behörde herausgegeben und stellt den sozialrechtlich relevanten sogenannten *medizinischen Standard* (vgl. Nölling 2014) dar.

## 3.1 klinische Beschreibungen, diagnostische Leitlinien und diagnostische Forschungskriterien nach ICD-10

„Über die ICD-10-GM hinaus gibt es eine Vielzahl nichtamtlicher Spezialausgaben der ICD-10 für medizinische Fachgebiete zu internen Dokumentationszwecken" (DIMDI 2015). Hierzu zählen auch die bekannten *klinischen Beschreibungen und diagnostischen Leitlinien* (ICD-10 Classification of Mental and Behavioural Disorders – Clinical Descriptions and Diagnostic Guidelines der World Health Organization, WHO)[1]. Sie dienen als Ausgangspunkt für die Entwicklung weiterer Spezialausgaben, sollten jedoch keinesfalls mit ihnen gleichgesetzt werden! Dies meint insbesondere die Abgrenzung von den FK (Freyberger et al. 1990; Freyberger et al. 1992). Diese

---

[1]http://www.who.int/classifications/icd/en/bluebook.pdf.

© Springer Fachmedien Wiesbaden GmbH, ein Teil von Springer Nature 2019
L. Tischler, *Diskrepanzkriterien in der Diagnostik von Legasthenie und Dyskalkulie*, essentials, https://doi.org/10.1007/978-3-658-25158-1_3

entstammen einer Reihe von Feldstudien, „in denen die verschiedenen Fassungen der ICD-10 empirisch überprüft" (Schneider et al. 1993, S. 70) werden sollten. „Die Forschungskriterien … sind strenger und komplexer operationalisierte Kriterien, die für wissenschaftliche Untersuchungen zu einer Stichprobenhomogenisierung beitragen sollen" (Dilling et al. 2011, S. 10; identisch s. a. Dilling et al. 2016, S. 25). Sie „wurden für den wissenschaftlichen Gebrauch entwickelt" (ebd., S. 23), daher kommt es zu „offensichtlichen Unterschieden zwischen den Forschungskriterien und den «Klinischen Beschreibungen und diagnostischen Leitlinien»" (ebd).

Entgegen diesem eindeutig wissenschaftlichen Verwendungszweck stellen Dilling und Freyberger erstaunlicherweise fest, dass die FK „inzwischen auch in der Klinik gute Dienste leisten" (Dilling und Freyberger 2010, S. 7). Die FK lägen vor „für wissenschaftliche Untersuchungen, *aber auch für die tägliche Diagnostik in der Psychiatrie*" (Dilling et al. 2008, S. 20; Hervorhebung im Orig.) An anderer Stelle heißt es sogar: „Inzwischen haben sie [die FK] sich in der Forschung, *vor allem* aber auch in der klinischen und ambulanten Praxis gut eingeführt und bewährt" (ebd., S. 9; Hervorhebung v. Verf.).

Es wird ausgeführt: „Gewarnt werden muss allerdings vor einer diagnostischen Verwendung, in der man sich darauf beschränkt, die Kriterien zu bestimmen und zu zählen" (Dilling und Freyberger 2010, S. 7). Eine andere – und damit klinisch sinnvolle – Verwendung lassen die FK allerdings selbstredend nicht zu. Zwar weisen die Herausgeber im Vorwort wiederholt auf den erforderlichen *gemeinsamen* Gebrauch der FK und der diagnostischen Leitlinien hin (Dilling et al. 2016, S. 6, 2011, S. 6; Dilling und Freyberger 2010, S. 7), doch handelt es sich hier um eine einseitige Abhängigkeit: Die FK erweisen sich für die Verwendung und das Verständnis der Leitlinien keinesfalls als erforderlich. Umgekehrt gilt dies nicht: Ohne die Leitlinien ergeben die FK keinen Sinn. Die Verwendung der FK in der klinischen und pädagogisch-psychologischen Diagnostik bleibt damit deplatziert, und der Buchtitel *Internationale Klassifikation psychischer Störungen… Diagnostische Kriterien für Forschung und Praxis* (Dilling et al. 2011, 2016) erweist sich als erheblich irreführend.

Mit Bedauern stellt der Autor fest, dass ein Hinweis auf die unsachgemäße Verwendung der FK im Multiaxialen Klassifikationsschema (MAS; Remschmidt et al. 2006, S. 16; Remschmidt et al. 2017, S. 34) gänzlich fehlt. Die Leserschaft möge sich fragen, welche Auswirkungen es haben kann, wenn in der klinischen Praxis zunehmend sozialrechtlich bedeutsame Entscheidungen anhand ungeeigneter FK getroffen werden.

## 3.2  Multiaxiales Klassifikationsschema

Das MAS für psychische Störungen des Kindes- und Jugendalters nach ICD-10 (etwa Remschmidt et al. 2017) beinhaltet neben den kurzen Beschreibungen aus der ICD-10-GM (Glossar) weitere ausführliche klinische Beschreibungen, die diagnostischen Leitlinien und die diagnostischen FK. In der Einleitung des MAS wird in einem kurzen Abschnitt darauf hingewiesen, dass sich die „diagnostischen Kriterien in den einzelnen Diagnosekapiteln … auf die Forschungskriterien der ICD-10" (Remschmidt et al. 2017, S. 34) beziehen. Genauer gesagt handelt es sich exakt um die FK. Doch wie bereits in der 5. Auflage des MAS (Remschmidt et al. 2005) sind sie im weiteren Text nicht als solche kenntlich gemacht. Eine unsachgemäße klinische Verwendung dieser nunmehr *„diagnostischen* Kriterien" erweist sich daher als wahrscheinlich.

## 3.3  AWMF-Leitlinien

Die Arbeitsgemeinschaft der Wissenschaftlichen Medizinischen Fachgesellschaften (AWMF) dient als Sprachorgan der medizinischen Wissenschaft auch zur besseren Vertretung gemeinsamer Interessen „gegenüber staatlichen Institutionen und Körperschaften der ärzlichen [sic] Selbstverwaltung" (AWMF 2018). „De jure handelt es sich bei Leitlinien … um unverbindliche Empfehlungen einer privaten Institution" (Nölling, 2014, S. 1), die entgegen dem medizinischen Standard nicht rechtlich bindend sind. Dennoch haben sie „bei Gutachterfragen einen entscheidenden Anteil" (Muche-Borowski und Kopp 2015, S. 117). Die AWMF-Leitlinien (etwa Lese- und Rechtschreibstörung: DGKJP[2] 2015; Rechenstörung: DGKJP 2018) beinhalten besonders ausführliche und begründete Empfehlungen für die klinische Praxis – einschließlich diagnostischer Kriterien – und sollten nach Meinung des Verfassers gemeinsam mit den diagnostischen Leitlinien nach ICD fruchtbringende Verwendung finden.

---

[2]Deutsche Gesellschaft für Kinder- und Jugendpsychiatrie, Psychosomatik und Psychotherapie.

# Die rechnerische Bestimmung von Leistungsdifferenzen

**4**

Bevor wir nun die unterschiedlichen Möglichkeiten zur Bestimmung des Doppelten Diskrepanzkriteriums *(DD)* einander gegenüberstellen, erweist es sich als sinnvoll, das grundsätzliche Vorgehen zur Bestimmung von Messwertdifferenzen bei unterschiedlichen Skalenniveaus zu erläutern. Hierzu bedarf es einiger Kenntnisse über statistische Lage- und Streuungsmaße, anhand derer individuelle Leistungen relativiert werden können.

## 4.1 Mittelwert und Standardabweichung

Das Wesen der UESF besteht in einer sogenannten erwartungswidrigen Minderleistung. Als erwartungsgemäß gilt zunächst diejenige Leistung, die der durchschnittlichen Leistung der sogenannten Bezugsgruppe eines bestimmten Alters oder Klassenstufe entspricht. Dieser Durchschnittswert wird statistisch als *Mittelwert* $\bar{x}$ ausgedrückt[1]. Da es ganz normal ist, dass Leistungen beziehungsweise *Merkmalsausprägungen* (etwa Ausprägung des Merkmals Rechenfertigkeit) um $\bar{x}$ streuen, erweist es sich als sinnvoll, statt eines einzigen Durchschnittswerts einen weiter gefassten Durchschnitts*bereich* zu definieren. Dieser wird bestimmt anhand der durchschnittlichen Abweichung aller Merkmalsausprägungen von $\bar{x}$. Diese wird *Standardabweichung s* oder *SD* (*engl.* standard deviation) genannt[2]. Der Durchschnittsbereich erstreckt sich entsprechend $\pm 1 SD$ um $\bar{x}$.

---

[1]Mittelwert $\bar{x} = \frac{1}{n} \sum\limits_{i=1}^{n} x_i = \frac{x_1 + x_2 + x_3 + \ldots + x_n}{n}$

[2]Standardabweichung $s = \sqrt{\frac{1}{n} \sum\limits_{i=1}^{n} \left( x_i - \bar{x} \right)^2}$

© Springer Fachmedien Wiesbaden GmbH, ein Teil von Springer Nature 2019
L. Tischler, *Diskrepanzkriterien in der Diagnostik von Legasthenie und Dyskalkulie*, essentials, https://doi.org/10.1007/978-3-658-25158-1_4

Es besteht allerdings kein Konsens, bei welcher Abweichung vom Mittelwert tatsächlich von einer erwartungswidrigen und damit diagnostiziablen Leistung gesprochen werden kann. Im DSM-5 wird zur Diagnosestellung eine BGD von mindestens 1.5 *SD* „for the greatest diagnostic certainty" (APA 2013, S. 69) angegeben, die anhand klinischer Beurteilung bei entsprechenden Hinweisen jedoch auch milder („leniant threshold"; APA 2013, S. 69) ausfallen kann „(e.g., 1.0–2.5 SD below the population mean for age)" (ebd.). Ähnlich verhält es sich mit den Angaben in den Leitlinien der DGKJP (2015, 2018). Allein in den ausschließlich zu wissenschaftlichen Zwecken formulierten FK nach ICD-10-GM ist eine Abweichung von restriktiven 2 *SD* vorgesehen. Eine ausführliche Darstellung der Kriterien findet sich in den Abschn. 4.3–4.7.

## 4.2  Berechnung von Diskrepanzen anhand z-transformierter Standardwerte

Die zur Diskrepanzbestimmung herangezogenen Testergebnisse werden rechnerisch bestimmt als Differenzen a) zwischen dem individuellen Ergebnis in einem Schulleistungstest und der durchschnittlichen Leistung der Bezugsgruppe (T-Wert; sozialrelativierender Leistungsvergleich) und b) dem individuellen Ergebnis in einem Schulleistungstest und der individuellen Intell. (IQ; ipsativer Leistungsvergleich). Hierzu werden T-Wert und IQ in sogenannte *z-Werte* transformiert, um die unterschiedlichen Leistungen direkt miteinander vergleichen zu können (*z-score discrepancy method;* Erickson 1975). Die Formel der z-Transformation lautet:

$$z = \left( x - \bar{x} \right) \div s.$$

*Berechnung der IQD:* Es ist für $x$ das Testergebnis, hier beispielhaft IQ = 115, einzusetzen, für $\bar{x}$ entsprechend der Mittelwert 100 der IQ-Skala und für $s$ deren Standardabweichung 15. Es ergibt sich:

$$z_{IQ} = (115 - 100) \div 15 = 1.$$

Dem IQ = 115 entspricht also $z = 1$. Dies ist eine *SD* oberhalb des $\bar{x}_z = 0$.

Bei einem T-Wert von T = 60 ergibt sich entsprechend

$$z_T = (60 - 50) \div 10 = 1.$$

Offensichtlich entspricht eine Ausprägung auf der T-Wert-Skala von T = 60 einer Ausprägung von IQ = 115 auf der IQ-Skala. Es wird deutlich, dass die Werte anhand dieser Transformationsgleichung problemlos ineinander überführt werden können. Entsprechend einfach können etwaige Diskrepanzen zwischen Intell. und SF gemäß der sogenannten *Subtraktionsmethode* berechnet werden. In diesem Beispiel beträgt die Diskrepanz zwischen individuellem IQ und SF

$$IQD = |z_{IQ} - z_T| = |1 - 1| = 0.$$

Hierzu ein weiteres einfaches Beispiel. Ein IQ = 85 entspricht $z_{IQ} = (85 - 100) \div 15 = -1$. Ein Ergebnis in einem Rechentest von T = 20 entspricht einem z-Wert von $z_T = (20 - 50) \div 10 = -3$. Also beträgt die IQD nach Subtraktion $= |z_{IQ} - z_T| = |-1 - (-3)| = 2$.

*Berechnung der* BGD: Sie erfolgt entsprechend: Der $\bar{x}$ der Bezugsgruppe beträgt immer T = 50 (z = 0). Ein Rechentestergebnis von T = 20 entspricht $z_T = (20 - 50) \div 10 = -3$. Also beträgt die BGD hier $|0 - (-3)| = 3\,SD$.

Nach wenigen Übungen wird deutlich, dass die Diskrepanzbestimmung jederzeit auch ohne die tatsächliche Berechnung der z-Transformation erfolgen kann, wenn das Prinzip verstanden ist sowie Mittelwert und Standardabweichung der jeweiligen Testwerte bekannt sind (s. Tab. 4.1). Eine ausführliche Darstellung des Vorgehens findet sich bei Tischler (2016; vgl. Erickson 1975).

**Tab. 4.1** Grundlegende Kennwerte zur Diskrepanzbestimmung

| Kennwert | SD | –2 SD | –1 SD | $\bar{x}$ | 1 SD | 2 SD |
|---|---|---|---|---|---|---|
| z | 1 | –2 | –1 | 0 | 1 | 2 |
| IQ | 15 | 70 | 85 | 100 | 115 | 130 |
| T | 10 | 30 | 40 | 50 | 60 | 70 |
| PR | –* | <3** | < 16*** | 50* | > 84**** | > 97***** |

*Anmerkungen.* * Der Prozentrang (PR) verfügt aufgrund fehlenden Intervallskalenniveaus weder über Mittelwert noch Standardabweichung. Angegeben sind der Median 50 und Näherungswerte. ** = 2.28; *** = 15.87; **** = 84.13; ***** = 97.72 (berechnet mit dem Psychometrica Normwert-Rechner; Lenhard und Lenhard 2015); weitunterdurchschnittlich T ≤ 30, unterdurchschnittlich T > 30 bis ≤ 40, durchschnittlich T > 40 bis < 60

## 4.3  Doppeltes Diskrepanzkriterium gemäß Multiaxialem Klassifikationsschema

*IQD-Kriterium:* Die grundsätzliche Konzeptualisierung der UESF als erwartungswidrige Minderleistung wird im MAS einleitend anhand der F80-Diagnosen[3] dargestellt. Dort heißt es, die Symptomatik könne „nicht direkt … einer Intelligenzminderung … zugeordnet werden" (Remschmidt et al. 2017, S. 342). Die Autoren führen aus: „Die Diagnose … verlangt, dass die umschriebene Verzögerung *deutlich* vom allgemeinen Niveau der kognitiven Funktionen abweicht" (ebd.; Hervorhebung v. Verf.). Dabei bestehe insbesondere im unteren Leistungsbereich eine „Schwierigkeit bei der Diagnosestellung … in der Unterscheidung von der Intelligenzminderung" (ebd., S. 343)[4].

*BGD-Kriterium:* Die BGD wird als Grundbedingung für eine Diagnosestellung in den diagnostischen Leitlinien angesprochen: „eine bei weniger als 3 % der Schulkinder erwartete Bewertung" (Remschmidt et al. 2017, S. 353). Jedoch wird die Prävalenz von UESF etwa bei F81.0 mit bis zu 8 % (vgl. DGKJP 2017, S. 17) regelmäßig deutlich höher angegeben. Ein Umstand der verwundern mag. Allerdings kann ein restriktives Kriterium Fehldiagnosen aufgrund erheblicher Entwicklungssprünge verhindern. Der Verfasser ist selbstverständlich der Auffassung, dass mit Blick auf die *individuelle* Entwicklung entschieden werden muss. Es bleibt festzuhalten, dass das IQD-Kriterium in den diagnostischen Leitlinien keinesfalls spezifiziert wird.

## 4.4  Doppeltes Diskrepanzkriterium gemäß Forschungskriterien nach ICD-10-GM

Die Diskrepanzen zur Klassifizierung[5] als erwartungswidrige Minderleistung erweisen sich bei den FK als höher als es für eine klinische Verwendung sinnvoll wäre. Sowohl das IQD- als auch das BGD-Kriterium betragen hier 2 *SD*. Die

---

[3] „Das Konzept der … [UESF] ist direkt vergleichbar mit dem der … F80" (Remschmidt et al. 2017, S. 351).

[4] Diese Schwierigkeit besteht allerdings allein dann, wenn zur Diagnosestellung im unterdurchschnittlichen Intelligenzbereich die in den Forschungskriterien formulierte IQD von 2 *SD* keine Anwendung fände – also wie in der *klinischen* Praxis einzig sinnvoll (vgl. Kap. 5). Für die Forschungskriterien ist die zitierte Aussage völlig unerheblich.

[5] Der Begriff der Diagnosestellung erwiese sich an dieser Stelle als irreführend, da die Forschungskriterien nicht zur klinisch-diagnostischen Verwendung konzipiert oder geeignet sind. Sie dienen ausschließlich der Stichprobenhomogenisierung für Forschungszwecke.

BGD wird bestimmt gemäß dem chronologischen Alter innerhalb der Bezugsgruppe. Damit wird insbesondere dem Entwicklungsaspekt einer UESF Rechnung getragen. Eine an der Beschulung orientierte Leistungsbewertung mittels klassenstufennormierter Verfahren ist nicht vorgesehen.

**Hintergrundinformation**
*Klassenwiederholungen:* Es sei jedoch angemerkt, dass altersgruppennormierte Verfahren bei Klassenwiederholung aufgrund von UESF sicher zu schwächeren Ergebnissen in einem Schulleistungsdiagnostikum führen als klassenstufennormierte Tests. Zwar berücksichtigen jene aufgrund des höheren Alters von Repetentinnen und Repetenten den Entwicklungsaspekt von SF und Intell., lassen jedoch außer Acht, dass eine erfolgreiche Beschulung bisher nicht stattgefunden hat. Den Beschulungsaspekt hingegen berücksichtigen klassenstufennormierte Verfahren. Hier würden Repetenten ein besseres Ergebnis erzielen als bei einem altersgruppennormierten Test: Aufgrund entwicklungsbezogener Vorteile und Wiederholungseffekten würden sie insbesondere zu Beginn eines Schuljahres auch im Vergleich zu Ihren Mitschülern besser abschneiden, als es womöglich für die Teilnahme an einer Förderungsmaßnahme erforderlich wäre. Anders verhält es sich am Ende einer Schulklasse.

Es lässt sich an dieser Stelle feststellen, dass die Verwendung klassenstufennormierter Verfahren bei Klassenwiederholung Schülerinnen und Schüler mit Förderbedarf unter Umständen benachteiligt. Aufgrund ihres besseren Abschneidens werden sie die zur Diagnosestellung (Berechtigungsdiagnostik) erforderliche BGD nicht erreichen. Doch bereits anhand der Namensgebung lässt sich feststellen, dass die meisten Schulleistungsdiagnostika über eine klassenstufenbezogene Normierung verfügen (etwa BAKO 1–4 (Stock et al. 2017), ERT 4+(Schaupp et al. 2010)), und daher für eine Diagnostik gemäß FK ungeeignet sind.

Das BGD-Kriterium ist gemäß FK grundsätzlich immer erfüllt, wenn das Ergebnis in einem Schulleistungsdiagnostikum $T \leq 30$ beträgt. Dies entspricht mit einer Diskrepanz von $\geq 2$ *SD* einer weitunterdurchschnittlichen Leistung ($z \leq -2$). Das IQD-Kriterium ist in diesem Beispiel erfüllt, wenn der $IQ \geq 100$. Bei einem niedrigeren IQ muss der T-Wert entsprechend sinken, damit die Diskrepanz weiterhin $\geq 2$ SD betragen kann. Bei einer niedrigen Intell. von beispielsweise $IQ = 75$ erweist sich die Verwendung des IQD-Kriteriums daher kaum mehr als sinnvoll (s. Kap. 5). Ohnehin können Diagnostika unter einem T-Wert von 30 regelmäßig nicht mehr sinnvoll differenzieren.

Das häufigste Ausschlusskriterium für eine Lese- und Rechtschreibstörung (hier F81.0 und F81.1) wird mit einem *nonverbalen* IQ unter 70 in einem standardisierten Test angegeben (Remschmidt et al. 2017, S. 357, 359). Damit ist zum Ausdruck gebracht, dass Intell. und SF keine inhaltlich völlig voneinander unabhängigen Entitäten darstellen. Mit Bezug auf die als klassisch anzusehende Kategorisierung der Intell. in Handlungs- und Verbalteil (fluide und kristalline Intell.) wird davon ausgegangen, dass legasthene Testandinnen und Testanden natürlicherweise in verbalen Aufgaben (etwa Abruf von Faktenwissen) schlechtere Ergebnisse erzielen als in nonverbalen. Bei der Anwendung eines entsprechenden Intell.diagnostikums „ist … [daher] zu berücksichtigen, dass Kinder mit einer Lese-Rechtschreibstörung im Verbalteil des Tests aufgrund sprachlicher Defizite schlechter abschneiden können als im Handlungsteil. In diesem Fall ist der Handlungs-IQ als Referenzwert heranzuziehen" (DGKJP et al. 2007, S. 212; vgl., Warnke et al. 2004). Eine Intell. minderung ist selbst bei einem verbalen IQ < 70 entsprechend erst dann sicher zu diagnostizieren, wenn auch die nicht von der Legasthenie betroffene nonverbale Intell. weitunterdurchschnittlich (IQ ≤ 69) ausfällt. Dann sei eine Intell.minderung als Ausschlusskriterium vorrangig zu diagnostizieren.

Allerdings erweist es sich von dieser Warte aus als nicht nachvollziehbar, weshalb die Autoren auch für die Rechenstörung (F81.2) den nonverbalen IQ < 70 als häufigstes Ausschlusskriterium anführen (Remschmidt et al. 2017, S. 361). Mit Bezug auf die Bedeutung des visuell-räumlichen Arbeitsgedächtnisses (AGD) für die Rechenleistung (DGKJP 2018, S. 6, 14; s. auch Renner und Mickley 2015, S. 70) wird gerade dieser bei Dyskalkulie regelmäßig schlechter ausfallen als der Verbal-IQ.

Dilling et al. (2016, S. 189) nennen als Ausschlusskriterium für die F81.2 lediglich IQ unter 70 in einem standardisierten Test. Hier sollte vielmehr ein Ergebnis verbaler IQ < 70 angeführt werden. Die WHO wiederum gibt für sowohl für F81.0,.1 und.2 „IQ below 70" (WHO 1993, S. 176) an. Rein theoretisch ergäbe sich ein IQ = 69 beispielsweise bei einem Handlungs-IQ von 40 und einem Verbal-IQ von 99. Es wird deutlich, dass nicht der Gesamt-IQ, sondern ein differenzierteres, womöglich heterogenes Leistungsprofil zur Diagnosestellung herangezogen werden sollte (s. Kap. 7 zur CHC-theoretisch fundierten Intell.diagnostik).

## 4.5  Doppeltes Diskrepanzkriterium gemäß DGKJP 2015

Die *Leitlinie zur Diagnostik und Behandlung von Kindern und Jugendlichen mit Lese- und/oder Rechtschreibstörung* (DGKJP 2015) erweist sich als weniger übersichtlich. Die Kontroverse um Sinnhaftigkeit und angemessene Größe insbesondere der IQD findet hier eindrucksvollen Niederschlag. Neben den grundsätzlichen Empfehlungen finden sich *Sondervoten* beteiligter Organisationen.

Es „soll auf das Kriterium der Alters- oder Klassennormdiskrepanz oder auf das Kriterium der IQ-Diskrepanz zurückgegriffen werden" (DGKJP 2015, S. 24). Als entscheidend erweist sich hier das geforderte *„oder"*. Das DD, wie wir es von den FK her kennen, scheint (!) hier zunächst keinen Fürspruch zu finden.

Als besonders bemerkenswert imponiert die Möglichkeit einer ausschließlichen Verwendung der BGD. Die *Deutsche Gesellschaft für Psychologie* (DGPs) formuliert dies in ihrem Sondervotum und schließt damit eine Verwendung des IQD-Kriteriums aus: Es „soll das Kriterium der Alters- oder Klassennormdiskrepanz verwendet werden" (DGKJP 2015, S. 25). Dies deckt sich mit den entsprechenden Kriterien des DSM-5 (APA 2013, S. 69) und den bisherigen Ausführungen unter besonderer Berücksichtigung des Partizipationsbegriffs (Teilhabe, s. o. Kap. 2) gemäß ICF (DIMDI 2005).

*BGD gemäß Sondervotum DGPs:* Eine Leistung in einem Rechtschreibdiagnostikum erweist sich als diagnoziabel, sobald $T \leq 35$ ($\triangleq z \leq -1.5$), wenn gleichzeitig eine Intell.minderung ausgeschlossen werden kann. Verfügt eine Testperson über einen $IQ = 70$ ($\triangleq z = -2$) kann ebenfalls bereits bei $T = 35$ eine Diagnose gestellt werden. Gemäß FK wäre dies erst bei $T \leq 10$ ($\triangleq z \leq -4$; $PR = 0$) möglich – ein statistisch überaus unwahrscheinliches und im Grunde unmögliches Ergebnis, wenn man nicht ausnahmslos jedes Wort falsch schreibt.

Abweichend plädiert die *Bundesvereinigung Verhaltenstherapie im Kindes- und Jugendalter* (BVKJ, Sondervotum) für eine Verwendung der Klassennormdiskrepanz (keine Altersnorm; vgl. Hintergrundinformation Abschn. 4.4) *und* des IQD-Kriteriums.

Einigkeit besteht hingegen bei der Größe der Abweichungen von Bezugsgruppe und Intell.: „Die Diskrepanz sollte anderthalb Standardabweichungen (1,5 SD) betragen und die Leistung in den einzelnen Lernbereichen sollte mindestens unterhalb des Durchschnittsbereichs (mind. 1 SD Abweichung vom Mittelwert) liegen" (DGKJP 2015, S. 24).

Der Zusatz „mind. 1 SD Abweichung vom Mittelwert" (ebd.) heißt jedoch nichts anderes, als dass bei der vermeintlich alleinigen Verwendung der IQD faktisch ein DD erfüllt sein muss: $IQD \geq 1.5 \, SD$ bei gleichzeitiger $BGD \geq 1.0 \, SD$. Bei höherem IQ können also Leistungen als legasthen diagnostiziert werden, die durch das bloße BGD-Kriterium nicht abgedeckt werden: Dies meint $T > 35$ bis $T \leq 40$.

*IQD gemäß DGKJP:* Bei einem $IQ = 100$ ($z = 0$) kann eine Diagnose gestellt werden bei $T \leq 35$ ($z \leq -1.5$). Bei einem $IQ \geq 107.5$ ($z \geq 0.5$) kann eine Diagnose gestellt werden bei $T \leq 40$ ($z \leq -1$; $PR < 16 \triangleq$ mdst. unterdurchschnittlich).

Es wird deutlich, dass gemäß Leitlinie der DGKJP (2015) sowohl im unteren als auch im oberen Leistungsbereich sehr viel *progressiver* getestet, das heißt eher – der klinischen Realität angemessen – eine Diagnose gestellt werden kann als gemäß FK.

Da ein starres Festhalten an solchen Kriterien jedoch nicht sinnvoll sein kann, ist eine „durch Evidenz aus der klinischen Untersuchung … belegt[e]" (DGKJP 2015, S. 24) Störung bereits „ab 1,0 SD unter dem Durchschnitt der Klassennorm, der Altersnorm oder dem aufgrund der Intell. zu erwartenden Leistungsniveau" (ebd.) zu diagnostizieren. Das DSM-5 formuliert ebenfalls: „On the basis of clinical judgement, a more lenient threshold may be used …, when learning difficulties are supported by converging evidence from clinical assessment, academic history, school reports, or test scores" (APA 2013, S. 69). Nicht Testwerte und Normwerttabellen treffen diagnostische Entscheidungen, sondern gut ausgebildete Diagnostikerinnen und Diagnostiker!

**Hintergrundinformation**

*Schulspezifische Normen:* Als interessant erweist sich der Zusatz, dass bei der Diagnostik „wenn möglich auf schulspezifische Normen und Klassennormen zurückgegriffen werden" (DGKJP 2015, S. 24) soll. Diese Bemerkung scheint zunächst akkurat und vor allem fair.

Eine schulformbezogene Normierung meint jedoch nichts anderes als eine willkürliche *Stratifizierung* (Schichtung) durch Bildung unterschiedlicher Bezugsgruppen. Dieses Vorgehen erweist sich bei der als Leistungs*kontinuum* konzipierten SF jedoch als nicht angemessen. Anders verhielte es sich etwa bei einer Schichtung zur Untersuchung von Geschlechts- oder Alterseffekten. De facto bedeutet die Verwendung schulformbezogener Normen, dass die gleiche Leistung, die sich gemäß Gymnasialnorm als auffällig erwiese, etwa gemäß Hauptschulnorm im unauffälligen Durchschnittsbereich bewegte. Im Grunde führt eine solche Operationalisierung der UESF zu einer weiteren Verfestigung des transgenerational insbesondere von unten nach oben als undurchlässig zu bezeichnenden Bildungssystems der Bundesrepublik Deutschland. Dies spiegelt ein grundsätzliches Problem bezugsgruppenorientierter Messung wider: Die Bezugsgruppe entscheidet, ob eine Leistung als gut oder schlecht zu bewerten ist. Für die Hauptschule kann dies bedeuten: Eine *absolut* schlechte Leistung resultiert nicht in einem Anspruch auf Förderung, da sie aufgrund der spezifischen Bezugsgruppe zu einer *relativ* guten Leistung wird – für die entsprechend kein Förderbedarf geltend gemacht werden kann. Kurzum: Auf dem Gymnasium ist eine gute Leistung schlecht, auf der Hauptschule ist eine schlechte Leistung gut. Es sei die Frage gestattet, ob gesellschaftliche Teilhabe auch geschichtet konzipiert ist/sein sollte.

## 4.6    Bezugsgruppendiskrepanzkriterium bei Rechenstörung gemäß DGKJP, 2018

2018 erschien die *S3-Leitlinie: Diagnostik und Behandlung der Rechenstörung* der AWMF (DGKJP 2018). Es wurden keine Sondervoten veröffentlicht. Man folgt weitgehend den Ausführungen des DSM-5. Es wird zwischen psychometrischen, klinischen und qualitativen Diagnosekriterien unterschieden (DGKJP 2018, S. 6). Die testdiagnostische Untersuchung sollte dabei neben Rechenleistung und Intell. explizit auch das visuell-räumliche AGD und die Inhibitionsleistung (Aufmerksamkeit/Exekutivfunktion) umfassen.

Grundsätzlich wird zur Diagnosestellung das BGD (Alters- *oder* Klassen-normdiskrepanz) herangezogen. „Die Verwendung des IQ-Diskrepanzkriteriums wird nicht empfohlen" (DGKJP 2018, S. 6). Sprechen sowohl die klinischen als auch die qualitativen Kriterien für das Vorliegen einer Rechenstörung, erweist sich eine mindestens unterdurchschnittliche Rechenleistung als für eine Diagnosestellung ausreichend. Dies entspricht einem Prozentrang von PR < 16[6]. Sollten jedoch die klinischen und qualitativen Kriterien den Verdacht auf eine Rechenstörung nicht bestätigen, wird eine Diskrepanz von mindestens 1.5 *SD*[7] empfohlen. Es wird deutlich: Das IQD verliert insgesamt an Bedeutung. Der Verfasser geht davon aus, dass nunmehr auch bei der Lese- und Rechtschreibstörung die IQD nach DGKJP-Leitlinie (DGKJP, 2015) gleichsam hinfällig geworden ist.

Der Hinweis auf visuell-räumliches AGD und Inhibitionsleistung entspricht der Konzeptualisierung von UESF und Aufmerksamkeitsstörung als Neuro-entwicklungsstörung (s. Abschn. 2.1). Das MAS formuliert für die UESF entsprechend, „dass diese Störungen von Beeinträchtigungen der kognitiven Informationsverarbeitung herrühren, die großenteils auf biologischen Fehlfunktionen beruhen" (Remschmidt et al. 2017, S 351). Bei allen umschriebenen Entwicklungsrückständen (Achse 2, MAS) handele es sich um eine „Einschränkung oder Verzögerung in der Entwicklung von Funktionen, die eng mit der biologischen Reifung des Zentralnervensystems verknüpft sind" (ebd., S. 341), wobei regelmäßig „die Sprache, *visuell-räumliche Fertigkeiten* und die Bewegungskoordination betroffen" (ebd.) sind (Hervorhebung v. Verf.). Das bedeutet, dass es bei dem visuell-räumlichen AGD und der Inhibitionsleistung um Basis*fähigkeiten* handelt, die für den Erwerb der Rechen*fertigkeiten* benötigt werden. Dieser Entwicklungsbezug spiegelt sich auch in dem häufigen gemeinsamen Auftreten von UESF und Aufmerksamkeitsstörungen sowie – insbesondere bei Dyskalkulie – Beeinträchtigungen im AGD wider.

Als besonders interessant erweist sich der Hinweis auf diese spezifischen Informationsverarbeitungsprozesse mit Bezug auf eine faktorielle Konzeptualisierung der UESF und der Intell. Es sei vorweggenommen: Die AGD- und Aufmerksamkeitsleistung spielen natürlich nicht nur für den Rechenerwerb

---

[6]In der Leitlinie wird der Wert mit ≤ 16 angegeben (eigentlich gilt: PR = 16 ≙ T = 40.1; dies entspricht dem unteren Durchschnittsbereich).

[7](angegeben als PR ≤ 7, eigentlich T ≤ 35, z ≤ 1.5, PR ≤ 6.68 – es sollte sich der Leserschaft an dieser Stelle jedoch als selbstverständlich erweisen, dass insbesondere mit Blick auf Messfehler und Konfidenzintervall eine Diagnosestellung nicht von 0.32 PR abhängen kann).

eine Rolle, sondern ebenso für die Operationalisierung des Intell.konstrukts. Dies bedeutet nichts anderes, als dass in Intell.tests regelmäßig auch Aufgaben zur Überprüfung des AGD enthalten sind – nicht selten tatsächlich auch Rechenaufgaben und Zahlenreihen. Es ist mithin davon auszugehen, dass Rechenleistung und Intell. in Teilen dieselben Informationsverarbeitungsprozesse, Funktionen oder Fähigkeiten umfassen. Mit Bezug auf das statistische Konzept des Faktors bedeutet dies, dass Rechnen und Intell. neben spezifischen auch aus gemeinsamen, codeterminierenden Faktoren bestehen – eine kognitive, mithin inhaltliche, Überlappung, die selbstverständlich auch die Konzeptualisierung der UESF als erwartungswidrige Minderleistung und die Sinnhaftigkeit der IQD betreffen muss (s. Van den Broeck 2002; vgl. Abschn. 5.2; Kap. 7).

## 4.7 Regressionsmethode gemäß AWMF 2007

Die Leitlinie *Umschriebene Entwicklungsstörungen schulischer Fertigkeiten* der DGKJP et al. (2007) sei an dieser Stelle trotz ihrer erloschenen Gültigkeit wegen einer Besonderheit erwähnt, die in den Leitlinien von 2015 und 2018 erstaunlicherweise keinerlei Erwähnung mehr findet: die *Regressionsmethode* zur Bestimmung der IQD.

Die zur Diagnosestellung erforderliche BGD beträgt für das Lesen, Schreiben und Rechnen zunächst 1.2 SD (DGKJP 2007, S. 212). Dies entspricht $T \leq 38$, $z \leq -1.2$ und $PR \leq 11.51$. „Das Leistungsniveau im Lesen bzw. Schreiben soll zur Stellung einer Diagnose zunächst den Grenzwert von Prozentrang ca. 10 nicht überschreiten" (ebd.). Auch das IQD-Kriterium wird mit 1.2 SD („zwischen 1–1,5 Standardabweichungen" [ebd.]) angegeben.

Bemerkenswerterweise wird anschließend darauf hingewiesen, dass die Diskrepanzbestimmung mittels Subtraktion (Subtraktionsmethode) des Leistungsalters vom Intell.alter ($z_{IQ} - z_T$; s. Abschn. 4.2) „in der Regel das geeignete Maß zur Stützung der klinischen Diagnose einer Lese-Rechtschreibstörung" (ebd.) sei, dass es bei „extrem niedrigem oder extrem hohem IQ … [jedoch sein könne], dass das IQD-Modell dem klinischen Befund nicht entsprechen kann" (ebd.). Hier wird Regressionsmethode zur besseren Abbildung des klinischen Befundes empfohlen (s. nächster Abschn.).

# Regressionsmethode und IQ-Diskrepanz 5

Als Regression zur Mitte wird ein statistisches und nicht psychologisches Phänomen bezeichnet, das bei der zweifachen Messung von Merkmalsausprägungen und analog bei der Regressionsanalyse zur Vorhersage eines *Kriteriums y* anhand eines sogenannten *Prädiktors x* auftritt: Je extremer der erste Messwert, desto wahrscheinlicher nähert sich der zweite Messwert seinem Mittelwert $\bar{x}$ an. Das bedeutet: Menschen mit hohem IQ tendieren zu einem Ergebnis in einem Schulleistungsdiagnostikum, das unterhalb ihres IQ liegt. Somit erweist sich das Erfüllen der IQD als wahrscheinlicher als im umgekehrten Fall: Menschen mit niedrigem IQ tendieren zu einem Ergebnis in einem Schulleistungsdiagnostikum, das oberhalb ihres IQ liegt. Somit erweist sich die Erfüllung der IQD als umso unwahrscheinlicher, je niedriger der IQ ausfällt. Das bedeutet schlichtweg, dass die Nichtberücksichtigung dieses Regressionseffektes bei hohem IQ zu einer Überidentifikation (Falsch Positive) und bei niedrigem IQ zu einer Unteridentifikation (Falsch Negative) von UESF führt.

Für die klinische Praxis erweist sich insbesondere die Unteridentifikation von UESF bei niedrigem IQ als bedeutsam: Eine zur Diagnosestellung sinnvolle IQD sinkt mit abnehmendem IQ!

Um angemessene Diskrepanzen zu bestimmen, kann das Konzept der *Regressionsanalyse* herangezogen werden. Sie dient grundsätzlich der Vorhersage eines *Kriteriums*[1] (hier SF, T-Wert) anhand eines *Prädiktors* (hier IQ). Die Regression zur Mitte findet hier durch den Einbezug des Korrelationskoeffizienten $r$ Berücksichtigung. Interessanterweise erweist sich dieses Vorgehen nicht nur aus statistischer, sondern auch aus inhaltlicher Sicht sinnvoll: Die Korrelation

---

[1]Der Begriff des Kriteriums ist an dieser Stelle nicht als Diskrepanzkriterium zu verstehen.

© Springer Fachmedien Wiesbaden GmbH, ein Teil von Springer Nature 2019
L. Tischler, *Diskrepanzkriterien in der Diagnostik von Legasthenie und Dyskalkulie,* essentials, https://doi.org/10.1007/978-3-658-25158-1_5

zwischen Intell. und SF beträgt bekanntermaßen ohnehin $r < 1$. Die grundsätzliche Gleichung der sogenannten linearen Regression verdeutlicht die Rolle der
Korrelation $r$:

$$z\left(y_i'\right) = |r_{xy}| \cdot z(x_i)$$

$$z\left(T'\right) = |r_{IQT}| \cdot z(IQ)$$

In vereinfachter Form lässt sich zeigen: Anhand eines IQ von 85 ($\triangleq z=-1$;
Prädiktor) lässt sich bei einer Korrelation von $r=1$ zwischen IQ und T-Wert ein
T-Wert von $1 \cdot -1 = -1 \triangleq T = 40$ vorhersagen. Bei einer erforderlichen Dis-
krepanz von $2\ SD$ gilt in diesem Beispiel das IQD-Kriterium bei $T=20$ als erfüllt.

Beträgt die Korrelation hingegen lediglich $.4^2$, lässt sich anhand desselben
$IQ=85$ ein T-Wert von $0.4 \cdot -1 = -0.4 \triangleq T = 46$ vorhersagen. Bei derselben
erforderlichen Diskrepanz von $2\ SD$ gilt das IQD-Kriterium bereits bei $T=26$ als
erfüllt. Der Regression zur Mitte sowie der verminderten Korrelation ist somit
entsprochen.

Bei $IQ=100$ lässt sich anhand der gegebenen Gleichung sowohl bei $r=1$ als
auch bei $r=.4$ – mithin bei jeder Korrelation – ein Ergebnis im Fertigkeitendiagnostikum von $T=50$ vorhersagen ($[1/0.4] \cdot 0 = 0$).

Thorndike (1963) hatte bereits eine regressionsbasierte Formel zur Diskrepanzbestimmung vorgestellt, um zu verhindern, dass bei intelligenteren Schülerinnen und Schülern zu viele, während bei weniger intelligenten Kindern zu
wenige Diagnosen gestellt werden:

$$y_i' = r_{xy} \cdot \frac{SD_y}{SD_x}\left(x_i - \bar{x}\right) + \bar{y}$$

Setz man die Werte erneut ein, ergibt sich bei z-standardisierten Werten ebenfalls

$$y_i' = 0.4 \cdot \frac{1}{1}(-1 - 0) + 0 = -0.4 \qquad \triangleq T = 46$$

---

$^2 r = .4$ wird in der AWMF-Leitlinie von 2007 als „durch empirische Studien belegt"
(AWMF 2007, S. 213) angegeben. Allerdings weichen die angegebenen Werte in den Leit-
linien und der als Beleg angegebenen Publikation von Schulte-Körne et al. (2001) deutlich
voneinander ab, und können auch durch die angegebene Quelle (Kingma, J. und Koops,
W. (1983)) nicht gestützt werden. Dies ändert jedoch nichts an der Tatsache, dass sich die
Regressionsmethode als geeigneter erweist als die Subtraktionsmethode.

An dieser Stelle wird deutlich, dass es sich bei der Subtraktions- und der Regressionsmethode nicht eigentlich um zwei unterschiedliche Formen der Diskrepanz-, sondern der *Erwartungswert*bestimmung handelt. Der Subtrahend, die eigentliche kritische Diskrepanz, bleibt dieselbe. Lediglich der Minuend, also der aufgrund des IQ erwartete T-Wert (Erwartungswert) als Ausgangspunkt der Berechnung, unterscheidet sich.

Und während gemäß FK die zur Diagnosestellung erforderliche IQD aufgrund der zu $r = 1$ mit dem IQ korrelierten Erwartungswerte stets 2 *SD* beträgt, verändern sich bei der Regressionsmethode die Erwartungswerte je stärker der gemessene IQ von seinem Mittelwert IQ$=100$ abweicht, und je geringer die zwischen Intell. und SF bestehende Korrelation angenommen wird.

Es sei festgehalten: Die Subtraktionsmethode zur Bestimmung der IQD entspricht der ursprünglichen Konzeptualisierung der UESF (als Underachievement mit $r=1$ bei völliger inhaltlicher Unterschiedlichkeit von Intell. und SF). Die Regressionsmethode entspricht dieser Konzeptualisierung nicht. Die Regressionsmethode hingegen entspricht der klinischen aktuellen wissenschaftlichen Wirklichkeit (mit $r < 1$ bei inhaltlichen Gemeinsamkeiten von Intell. und SF; s. Abschn. 5.2; Kap. 7). Die Subtraktionsmethode entspricht dieser Wirklichkeit nicht.

„Without a single dissenting opinion, there is unanimous agreement that the *regression-based discrepancy method* … is the most appropriate and statistically defensible method to assess aptitude-achievement discrepancy" (Van den Broeck 2002, S. 195).

Das bedeutet: Die ursprüngliche Konzeptualisierung der UESF als Underachievement erweist sich als falsch. Dies gilt folglich identisch für die Operationalisierung als Subtraktionsmethode. Im Übrigen besteht das Wesen der UESF nach Ansicht des Verfassers nicht in der IQD, sondern in einem Unvermögen an den Kommunikationsprozessen der Gesellschaft teilzuhaben: BGD.

## 5.1 Die Regressionsmethode in den diagnostischen Leitlinien nach ICD-10-GM

Die Ausführungen in den diagnostischen Leitlinien im MAS nehmen die Argumentation aus den vorangegangenen Abschnitten auf: „Da IQ und schulische Leistung nicht exakt parallel verlaufen [d. h., da $r < 1$], … sollten [Tests] in Verbindung mit statistischen Tabellen verwendet werden, die Daten über das erwartete [Vorhersage mittels Regressionsanalyse] durchschnittliche Leistungsniveau bei einem gegebenen IQ für jedes Alter enthalten" (Remschmidt et al. 2017, S. 354). Dieses Vorgehen „ist wegen der Bedeutung statistischer

Regressionseffekte [Regression zur Mitte und $r < 1$] notwendig, [denn] Diagnosen auf der Grundlage von Subtraktionen des Leistungsalters vom Intell.alter $[z_{IQ} - z_T]$ sind zwangsläufig erheblich irreführend" (ebd.). Diese zweifelsohne richtige und überaus bedeutsame Aussage wird jedoch umgehend an dem – weniger richtigen – diagnostischen Alltag relativiert: „In der klinischen Routine werden dennoch diese Bedingungen in den meisten Fällen wahrscheinlich nicht erfüllt. Dementsprechend gilt als klinische Richtlinie einfach, dass der Leistungsstand des Kindes eindeutig unter dem zu erwartendem [sic] Intell.alter liegen muss" (Remschmidt et al. 2017, S. 354).

Diese Textpassage ließe sich deutlich pointierter formulieren: „Wir wissen, dass aufgrund weitverbreiteter, geradezu üblicher, methodischer Fehler sehr viele Fehldiagnosen gestellt werden. Dementsprechend gilt besser das Falsche als richtig. Wir weichen die diagnostischen Leitlinien auf und verwenden gleich die Forschungskriterien, denen dieselbe falsche Subtraktionsmethode zugrunde liegt." Die Leserschaft möge dem Verfasser den Zynismus verzeihen.

## 5.2 Die Regressionsmethode widerspricht der ursprünglichen Konzeptualisierung von umschriebenen Entwicklungsstörungen schulischer Fertigkeiten – gut!

Es lässt sich faktorenanalytisch belegen, dass sowohl SF als auch Intell. durch jeweils spezifische (unique) und gemeinsame (common) Faktoren bedingt sind (s. Abschn. 7.1). Beide lassen sich demgemäß als Komposita darstellen (vgl. Van den Broeck 2002, S. 196):

$$IQ = \beta_1 C + \beta_2 X$$
$$SF = \beta_3 C + \beta_4 Y$$

$C$ stellt hier die gemeinsame, co-determinierende Komponente von $IQ$ und $SF$ dar, $X$ die spezifische Komponente für die Intell. (unabhängig von $C$ und $Y$) und $Y$ die spezifische Komponente für die SF (unabhängig von $C$ und $X$) dar. Mit $\beta$ sind die unterschiedlichen Faktorladungen bezeichnet.

Es wird unmittelbar deutlich, dass die Korrelation zwischen IQ und SF mit $C$ ansteigt. Dies bedeutet im Umkehrschluss, dass die Korrelation zwischen IQ und SF sinkt, wenn der Einfluss von $C$ sinkt beziehungsweise der Einfluss der spezifischen Komponenten $X$ und $Y$ ansteigt.

Des Weiteren wird ersichtlich, dass ein hoher IQ bei einer geringeren Korrelation vor allem durch $X$ verursacht wird. Da nun per definitionem Faktor die

Korrelation von $X$ als spezifischem IQ-Faktor mit dem ebenfalls spezifischen Fertigkeiten-Faktor $Y$ $r=0$ beträgt, erweist es sich aufgrund der Regression zur Mitte als wahrscheinlich, dass bei einem hohen $X$ der Wert $Y$ zu $\bar{x}_Y$ tendieren wird – mithin die Leistung in der SF geringer ausfällt als der IQ.

Das bedeutet, dass sich inhaltlich sowohl eine Tendenz zur Mitte als auch die verminderte Korrelation auf eine Konzeptualisierung von Intell. und Schulleistung als Komposita erklären lassen.

Je geringer also die Korrelation $r$ zwischen IQ und SF, desto eher wird die IQD durch die Unterschiedlichkeit der unkorrelierten Faktoren $X$ und $Y$ verursacht. Da die Korrelation zwischen IQ und SF nachgewiesenerweise $r<1$ beträgt, das Konzept des Underachievements beziehungsweise der erwartungswidrigen Minderleistung jedoch auf der Annahme einer Korrelation von $r=1$ gründet, kann die Regressionsmethode *richtigerweise* der ursprünglichen Konzeptualisierung der UESF nicht entsprechen.

Zusammenfassend lässt sich formulieren: Je geringer die zwischen IQ und SF angenommene Korrelation, desto weniger aussagekräftig ist das IQD in hohen und niedrigen Intell.bereichen. Da bei hohem IQ regelmäßig das BGD nicht erreicht wird, bleibt das IQD allein für den niedrigen Intell.bereich bedeutsam. Und genau hier muss die Operationalisierung als Subtraktionsmethode versagen.

Es wird nunmehr deutlich: „The only reason to base the diagnosis of a learning disability on a [IQ-]discrepancy procedure … is the theory of underachievement" (Van den Broeck 2002, S. 201). Und diese muss in ihrer ursprünglichen Form als falsifiziert gelten. Was bleibt, ist die Unterscheidung zwischen UESF und Intell.minderung im unteren Intell.bereich. Hier liegt der Sinn einer IQD, und hier liegt die Stärke der Regressionsmethode.

# Aussagekraft diagnostischer Kriterien und Interpretation von Testwerten   6

Welchen Stellenwert können die Diskrepanzkriterien in der UESF-Diagnostik nun einnehmen? Im DSM-5 wird hierzu aufschlussreich erläutert: „Academic skills are distributed along a continuum, so there is *no natural cutpoint* that can be used to differentiate individuals with and without specific learning disorder" (APA 2013, S. 69; Hervorhebung v. Verf.). Daraus folgt, dass „any threshold used to specify what constitutes significantly low achievement … is to a large extent arbitrary" (APA 2013, S. 69). Doch selbst wenn eine begründete, grundsätzliche Übereinstimmung hinsichtlich etwaiger Cuttoff-Werte bestünde, ließe sich nicht von der Hand weisen, dass „precise scores will vary according to the particular standardized tests that are used" (APA 2013, S. 69). Zusätzlich zu der Tatsache, dass unterschiedliche Testverfahren *immer* verschiedene Aufgaben beinhalten und daher de facto *niemals* dasselbe messen *können* (vgl. Anastasi 1967), erweist sich die zugrunde liegende sogenannte Klassische Testtheorie (KTT; Gulliksen 1950; vgl. Magnusson 1969) ihrer Axiomatik nach als Mess*fehler*theorie. Das Testergebnis entspricht *per definitionem* nicht dem eigentlich durch das Diagnostikum abzubildenden sogenannten *Wahren Wert* (true score, $\tau$ [Tau]) der Testandinnen und Testanden. Eine diagnostische Entscheidung kann lediglich innerhalb eines spezifischen Intervalls um den Cutoff-Wert mit einer bestimmten Wahrscheinlichkeit als korrekt angenommen werden, niemals hingegen als absolut.

Es wird deutlich, dass jedwede diagnostischen Kriterien und Leitlinien sich zwar als hilfreich erweisen, dennoch lediglich eine Entscheidungs-*Hilfe* darstellen. Das starre und interpretationslose Festhalten an Testwerten kann in der klinischen und pädagogisch-psychologischen Praxis keinen Platz finden. Daher gilt, dass welche Kriterien auch immer unterstützend zur Entscheidungsfindung herangezogen werden, „on the basis of clinical judgement, a more lenient threshold may be used" (APA 2013, S. 69).

© Springer Fachmedien Wiesbaden GmbH, ein Teil von Springer Nature 2019
L. Tischler, *Diskrepanzkriterien in der Diagnostik von Legasthenie und Dyskalkulie*, essentials, https://doi.org/10.1007/978-3-658-25158-1_6

Diese klinische Beurteilung bezieht selbstverständlich auch das Wissen um die den Diagnostika zugrunde liegende Testtheorie mit ein. Die nächsten Abschnitte führen die Leserschaft in die Grundlagen der KTT ein – ein in der klinischen Praxis oftmals vernachlässigtes Feld –, um ihre diagnostischen Entscheidungen auf ein belastbares Fundament zu stellen.

## 6.1    Testtheoretische Testwertinterpretation

Die meisten verfügbaren Testverfahren fußen auf der KTT. Als zentral erweist sich das *Verknüpfungsaxiom*. Es besagt, dass sich ein Messergebnis/Testwert $x$ grundsätzlich additiv zusammensetzt aus dem gesuchten *wahren Wert* $\tau$ (true score) und einem zufälligen Messfehler $\varepsilon$ (error). Es gilt.

$$x = \tau + \varepsilon.$$

Bereits an dieser Stelle wird deutlich, dass die Testergebnisse *niemals* unmittelbar die tatsächliche kognitive Befähigung oder SF abbilden können. Es folgt, dass Testergebnisse *ausnahmslos* einer Interpretation bedürfen. Dies meint die zugrunde liegende Testtheorie, Intell.theorie, Operationalisierung und Testkonstruktion, aber selbstverständlich auch die Testsituation, Motivation, Tagesform und vieles mehr. Es lässt sich erneut feststellen, dass eine diagnostische Entscheidung allein anhand eines in Normwerttabellen abgelesenen Testwertes *keinesfalls* dem Anspruch soliden diagnostischen Handwerks gerecht werden kann. „No testscore can be properly interpreted in a vacuum" (Anastasi 1967, S. 299).

### 6.1.1    Reliabilität

Die Güte einer Messung wird unter anderem anhand der *Reliabilität* (Rel.; Zuverlässigkeit) bestimmt. Sie besteht in der formalen – nicht inhaltlichen – Präzision des Messens und der daraus resultierenden Exaktheit des Messergebnisses. Dabei wirkt sich der Messvorgang idealiter auch bei wiederholter Messung nicht auf das Messobjekt aus (vgl. *Invarianzbedingung* der KTT). Folglich erwiese sich bereits eine einmalige Messung als zuverlässig. Bei wiederholten Messungen resultierten die gleichen Messwerte.

Um grundlegende Schwierigkeiten im Zusammenhang mit der Bestimmung und Zuverlässigkeit der IQ-Diskrepanz – als Differenz zwischen zwei Messwerten – zu verstehen, erweist es sich als notwendig, etwas genauer auf das Konzept der Rel. und damit das Verhältnis zwischen wahren Werten ($\tau$) und

Testwerten $(x)$ einzugehen. Eine Erläuterung dessen, was Messen eigentlich ist, gibt hier Orientierung.

## 6.1.2   Berechnung der Reliabilität

Messen kann bezeichnet werden als *homomorphe Abbildung,* das heißt die Überführung eines empirischen Relativs in ein numerisches Relativ. Die tatsächlichen, erfahrungsmäßigen (empirischen) Merkmalsausprägungen (Eigenschaften, Verhaltensweisen, Fähigkeiten, Fertigkeiten) und ihre Beziehungen (Relationen) untereinander sollen durch den Messvorgang strukturell gleichförmig anhand von Daten dargestellt werden. Dieses Prinzip findet sich auch in der Berechnung der Rel. Die Testwerte $(x)$ und deren mathematischen Relationen zueinander (numerisches Relativ) sollen die (theoretischen) wahren Werte $(\tau)$ und deren Relationen zueinander (quasi-empirisches Relativ) möglichst exakt wiedergeben. Als Relation wird hier die beidseitige Streuung um $\bar{x}$, die sogenannte *Varianz* $s^2$, benutzt. Sie ist die quadrierte Standardabweichung $s$, die uns bereits aus Abschn. 4.1 bekannt ist. Setzt man die Varianz der wahren Werte $s^2(\tau)$ und die Varianz der Testwerte $s^2(x)$ miteinander ins Verhältnis – was anhand einer Divisionsaufgabe geschieht –, dann sollte sich $s^2(\tau) \div s^2(x)$ dem Ergebnis 1 annähern; dies, je besser die homomorphe Abbildung gelingt, je präziser die Messung, je exakter das Messergebnis ausfällt – je reliabler also die Messung. Die Beziehung zwischen $s^2(\tau)$ und $s^2(x)$ entspricht als Korrelation $r_{tt}$ der Rel.[1] Aus dem Verknüpfungsaxiom $x = \tau + \varepsilon$ ergibt sich die vollständige Formel für die Rel.:

$$r_{tt} = \frac{s^2(\tau)}{s^2(\tau) + s^2(\varepsilon)}$$

## 6.1.3   Reliabilität, Messfehler und Konfidenzintervall

Wenn der Testwert lediglich eine fehlerbehaftete Schätzung des wahren Wertes darstellen kann, erweist es sich als haltlos, bei diagnostischen Entscheidungen mit starren Cutoff-Werten zu argumentieren. Vielmehr muss die Frage gestellt werden, wie groß die Wahrscheinlichkeit ist, dass der wahre Wert innerhalb eines bestimmten Bereichs um den Testwert liegt. Dieser Bereich wird *Konfidenz-* oder *Vertrauensintervall* genannt.

---

[1] $r_{tt}$ meint hier die Korrelation $r$ zwischen true score $(t)$ und testscore $(t)$.

Aus den Ausführungen zur Rel. lässt sich schlussfolgern, dass der Messfehler sich auf die Größe des Konfidenzintervalls auswirkt. Je größer der Messfehler, desto geringer die Rel., desto geringer die Wahrscheinlichkeit, dass der wahre Wert tatsächlich innerhalb des Konfidenzintervalls liegt. Ein Rechenbeispiel mag dies verdeutlichen. Zuvor erweisen sich jedoch einige zusätzliche Ausführung als gewinnbringend.

Der Messfehler streut normalverteilt um den theoretischen wahren Wert (bei – theoretisch – unendlich vielen Messung mitteln sich die positiven und negativen Abweichungen vom Mittelwert auf Null aus). Daher kann mittels Standardisierung (vgl. z-Transformation, Abschn. 4.2) der sogenannte *Standardmessfehler* ermittelt werden als

$$s_e = s_x \cdot \sqrt{1 - r_{tt}}$$

wobei $s_x$ die Standardabweichung der Skala des zu messenden Wertes (bei der IQ-Skala $s_{IQ} = 15$), und $r_{tt}$ die Rel. des Diagnostikums (bei der WISC-IV bspw. als Split-Half-Rel. angegeben mit $r_{tt} = .97$).

Diese Formel wird modifiziert und ergänzt um den Testwert $X$, hier beispielsweise als IQ $= 100$, und um die sogenannte Irrtumswahrscheinlichkeit $\alpha$ (Signifikanzniveau), ausgedrückt als z-Wert $z_\alpha$ gemäß Standardmessfehler. Bei einer Irrtumswahrscheinlichkeit von 5 % beträgt die Wahrscheinlichkeit, dass sich der wahre Wert innerhalb des Konfidenzintervalls befindet, 95 %. Das bedeutet im Umkehrschluss, dass eine 5 %ige Wahrscheinlichkeit besteht, dass der wahre Wert nicht innerhalb des Konfidenzintervalls liegt, also ein Irrtum vorliegt (daher Irrtumswahrscheinlichkeit). Es ergibt sich als Formel zur Bestimmung des Konfidenzintervalls (hier *zweiseitig,* daher z $= 1.96$ statt $1.65$)

$$X \mp z_\alpha \cdot s_x \cdot \sqrt{1 - r_{tt}} =$$
$$100 \mp 1.96 \cdot 15 \cdot \sqrt{1 - .97} = 100 \mp 5.09$$

In diesem Beispiel mit einem IQ $= 100$ erstreckt sich das Konfidenzintervall von IQ $= 94.1$ bis IQ $= 105.9$. Die Wahrscheinlichkeit, dass sich der wahre Wert innerhalb dieses Intervalls befindet, beträgt 95 %. Eine genauere Aussage lässt sich nicht treffen. Bei einer Rel. von .90 betrüge das Konfidenzintervall bereits $\pm 9.3$ IQ-Punkte! Die Leserschaft möge in den Testmanualen die Gütekriterien ihrer Diagnostika nachschlagen.

Aus der Formel lässt sich schlussfolgern, dass sich das Konfidenzintervall mit Abnahme der Rel. – also mit zunehmender Messfehlervarianz – vergrößert (der Multiplikand $\sqrt{1 - r_{tt}}$ wird größer, je kleiner $r_{tt}$), die Messung weniger präzise, das Ergebnis weniger exakt wird. Es erweist sich als problemlos nachvollziehbar, dass um einen Cutoff-Wert herum (bspw. IQ < 70) Messergebnisse auftreten, die das Wesen des Cutoff-Werts als *exaktes* Entscheidungskriterium ad absurdum führen.

## 6.1.4   Reliabilität von (IQ-)Diskrepanzen

Die Rel. der IQD – und damit die Belastbarkeit der Diagnose – bezieht sich nun jedoch nicht auf einen Messwert allein, sondern als *Messwertdifferenz* auf zwei Messwerte: IQ und T-Wert. Somit vereinigt die Rel. der IQD die Messfehler zweier Messungen auf sich (Guilford 1954, S. 393). Die Rel. der Messwertdifferenzen muss somit zwangsläufig geringer ausfallen als die Rel. der sie konstituierenden Messwerte. Dieses statistische Phänomen kommt bei jedem intraindividuellen (ipsativen) Vergleich zweier Messergebnisse zur Diskrepanzbestimmung sowie in der Veränderungsmessung (Prozessdiagnostik) zum Tragen.

Als entscheidend für die Rel. der Messwertdifferenzen ($r_{dd}$) erweist sich zusätzlich die Korrelation zwischen beiden Messungen. Guilford (1954, S. 394) gibt die entsprechende Formel nach Mosier an:

$$r_{dd} = \frac{r_{jj} + r_{kk} - 2r_{jk}}{2(1 - r_{jk})}.$$

Bezeichnenderweise sinkt $r_{dd}$, je stärker die Messergebnisse miteinander korrelieren. Ein einfaches Rechenbeispiel verdeutlicht dies: Für die angegebene Formel seien $r_{jj}$ die Rel. des Intell.diagnostikums, $r_{kk}$ die Rel. des Schulleistungsdiagnostikums und $r_{jk}$ die Korrelation der beiden Messungen. „Ist die Zuverlässigkeit eines Tests zum Beispiel 0.80 und korrelieren beide Messungen zu 0.70 …, so ist die Rel. der Differenzwerte 0.33" (Wiczerkowski und Schümann 1978, S. 57). Setzt man die Werte in die Formel ein, so erhält man.

$$r_{dd} = \frac{0.8 + 0.8 - 2 \cdot 0.7}{2 \cdot (1 - 0.7)} = \frac{1.6 - 1.4}{2 \cdot 0.3} = \frac{0.2}{0.6} = 0.33.$$

Wie verhält es sich nun, wenn die Rel. der Diagnostika steigt, und die Korrelation der Messungen gleich bleibt? „Ein Messinstrument, das eine Rel. von beispielsweise $r = 0{,}90$ aufweist … [führt] zu Messwertdifferenzen mit einer Reliabiliät von 0,67 …, wenn Pretest- und Posttestmessungen[2] zu $r = 0{,}70$ miteinander

---

[2]Diese Angaben zur Veränderungsmessung lassen sich auf ipsative Messwertdifferenzen zu einem Messzeitpunkt übertragen.

korrellieren" (Bortz und Döring 2002, S. 552). Eine höhere Rel. führt also zwar zu einer ebenfalls höheren $r_{dd}$, diese erweist sich jedoch noch immer als geringer als die ursprünglichen Rel. allein.

Leichner (1979, S. 50–57) erklärt anhand derselben Formel: Setzt man die Rel. $r_{jj}$, $r_{kk}$ und auch die Korrelation $r_{jk}$ gleich 1, fällt die Rel. der Differenzen auf 0.

$$r_{dd} = \frac{1 + 1 - 2 \cdot 1}{2(1 - 1)} = \frac{2 - 2}{2 - 2} = 0$$

Obwohl es sich hierbei selbstverständlich um ein Idealbeispiel handelt, würde unbestritten ein reliableres Diagnostikum jederzeit einem weniger reliablen vorgezogen werden. Und da gemäß FK die Korrelation zwischen Intell. und SF mit $r = 1$ angenommen wird, liefe dies – zumindest theoretisch bei perfekt reliablen Tests – regelmäßig auf eine völlig unreliable Schätzung der IQD hinaus.

Das bedeutet, dass eine geringere Korrelation zwischen Intell. und schulischer Fertigkeit zu zuverlässigeren Schätzungen der IQ-Diskrepanz führt. Und selbstverständlich beträgt die Korrelation zwischen IQ und schulischer Fertigkeit weniger als 1. Dies spricht erneut für die Regressionsmethode, sofern überhaupt eine IQD bestimmt werden soll. Die Verwendung weniger reliabler Testverfahren zur Erhöhung der Rel. der Messwertdifferenz stellt offensichtlich keine annehmbare Alternative dar.

# CHC-theoretische Modifikation des Underachievement

Der Blick auf DSM-5, die Leitlinien Rechenstörung sowie Lese- und Rechtschreibstörung (DGKJP 2015, 2018) zeigt: Es geht offensichtlich gar nicht mehr darum, ob zur Bestimmung der IQD die Subtraktions- oder die Regressionsmethode Verwendung finden kann. Vielmehr geht es darum, ob der IQ überhaupt für eine Diagnosestellung bei UESF herangezogen werden sollte, denn die Feststellung einer niedrigen Korrelation zwischen IQ und SF falsifiziert ganz offenkundig die der IQD-Bestimmung zugrunde liegende Annahme einer dominierenden Rolle der Intell. bei UESF (Van den Broeck 2002, S. 201[1]; vgl. Siegel 1999, 1989).

Welche Rolle kann die Intelligenz und mit ihr das IQD nun noch spielen? Die dargestellte Problematik lässt sich in einem völlig anderen Licht betrachten, wenn wir das Intell.konstrukt in unterschiedliche Informationsverarbeitungsprozesse differenzieren. Zum Abschluss der vorliegenden Arbeit sollen der Leserschaft hierzu knapp die CHC-theoretisch fundierte Intell.diagnostik zur Identifikation von UESF und das *Cross-Battery-Assessment* vorgestellt werden. Sie ermöglichen eine faktorenbezogene Betrachtung spezifischer Fähigkeiten. Dabei erweise es sich als unerheblich, ob diese tatsächlich der Intell. oder womöglich eher neuropsychologischen Konstrukten zugerechnet würden. Zudem könnten UESF dadurch anhand heterogener Intell.profile identifiziert werden. Die folgenden Abschnitte führen dies aus.

---

[1] „The point is, that the observation of a low correlation between IQ and achievement empirically falsifies the assumption of the dominant causal role of intelligence" (ebd.).

## 7.1　CHC-theoretisch fundierte Intelligenzdiagnostik und IQ-Diskrepanzbestimmung

Die *CHC-Theorie* der Intell. integriert die Cattell-Horn *Gf-Gc*-Theorie (Horn und Noll, 1997; fluide und kristalline Intell.) und die *Three-Stratum-Theorie* von Caroll (Caroll 1993), die wiederum die General Intelligence nach Spearman (1904, 1927) beinhaltet. Sie ermöglicht es, die klassische IQD (ability-achievement discrepancy) qualitativ aufzuspreizen in eine ability-achievement discrepancy einerseits und eine aptitude-achievement consistency[2] (AAD/AAC) andererseits (Flanagan et al. 2011).

Gemäß CHC-Theorie lässt sich Intell. darstellen als Kompositum vieler latenter Einflussgrößen, sogenannter Faktoren. Sie entsprechen eigenständigen Funktionen oder Informationsverarbeitungsprozessen. Die UESF erweist sich wiederum als Symptom bei spezifischer Beanspruchung eines Bündels solcher Informationsverarbeitungsprozesse. Auch die Intell.minderung ist entsprechend konzipiert als (intellektuelle) *Entwicklungs*störung mit Bezug auf „intellectual functions [and] … components [that] include verbal comprehension, working memory, perceptual reasoning, quantitative reasoning …“ (APA 2013, S. 37).

Sowohl SF als auch intellektuelle Befähigung lassen sich also auf einem Kontinuum „of developed ability“ (Anastasi, 1984, S. 134) darstellen, „and those near the center of the continuum overlap to such a degree as to be nearly indistinguishable“ (ebd. S. 135; vgl. Van den Broeck 2002a,b). Es wird deutlich, dass sich die dem Intell.konstrukt zugrunde liegenden Informationsverarbeitungsprozesse mit dem der SF überschneiden. Es folgt, dass bei UESF Informationsverarbeitungsdefizite bestehen, die zu einem heterogenen Intell.profil führen. Dies ermöglicht die Identifikation von UESF anhand eines spezifischen Intell.musters – „a pattern of strenghts and weaknesses [*PSW-approach*] consistent with SLD [specific learning disorder]“ (Flanagan et al., 2011, S. 261): Die codeterminierenden Faktoren von Intell. und SF führen bei einer UESF zu konsistent niedrigen Ergebnissen, und die jeweils spezifischen Faktoren von Intell. und SF erweisen sich als diskrepant. Zwischen der allgemeinen Intell. (ability) und der Schulleistung (achievement) besteht also eine klassische IQD (discrepancy), während eine Konsistenz der spezifischen Intell.faktoren (aptitude) mit der Schulleistung (achievement) besteht. Es resultiert AAD bei gleichzeitiger AAC (vgl. Naglieri 1999;

---

[2]In einer neueren Publikation verwenden Flanagan et al. hierfür den Begriff *Dual Discrepancy/Consistency* „or DD/C definition for short“ (Flanagan et al. 2013, S. 228).

Flanagan et al. 2006; eine veranschaulichende Darstellung findet sich bei Tischler 2017). Um mit Van den Broeck (vgl. Abschn. 5.2) zu sprechen: *X* fällt hoch aus (AAD), während *C* (AAC) und *Y* niedrig ausfallen.

In der Tat erweist sich das CHC-theoretisch fundierte, qualitative Modell der IQD als äußerst elegant. Die Tatsache, dass sich Intell. und SF faktoriell und damit auf Ebene basaler Informationsverarbeitungsprozesse überschneiden, läutet womöglich endgültig das Totenglöcklein für die UESF als erwartungswidrige Minderleistung und die Verwendung der klassischen IQD. Bemerkenswerterweise verlagert sich dabei die zur Diagnosestellung erforderliche Diskrepanz nun auf die Intell. selbst, namentlich als Diskrepanz zwischen ability und aptitude, also zwischen allgemeinen und spezifischen Informationsverarbeitungsprozessen. Und dies bedeutet nichts anderes, als dass die regressionsanalytische Vorhersage der SF mittels IQ operational-diagnostisch unnötig wird; und zwar so lange, bis wir das Konstrukt der Intell. völlig auflösen und einen grundlegenden Informationsverarbeitungsprozess anhand eines anderen womöglich noch etwas grundlegenderen vorhersagen.

Man mag nun gegen die ipsative Interpretation von Leistungsprofilen anführen, dass nicht nur die Rel. von Messwertdifferenzen die Messfehler zweier Messungen auf sich vereinigt, und dass zudem die Rel. der IQ-Subtests ohnehin regelmäßig geringer ausfallen als die des Gesamt-IQ, auch dass grundsätzlich die Normierung der einzelnen Subtests sicher nicht einer ipsativen Verwendung gerecht werden kann: „The scores are transformed into person-relative metrics and away from their original population-relativ metric" (Watkins et al. 2005, S. 254). Die zeitliche Stabilität sei entsprechend „to low for clinical use" (ebd., S. 255), und „because subtest-based cognitive strenghts and weaknesses are unreliable, recommendations based on them will also be unreliable" (ebd.; vgl. McDermott et al. 1990). Kurzum: „The ipsative use of test batteries … is nearly worthless" (Jensen 2002, S. 11), da die Subtests der meisten Verfahren zudem eher hoch auf dem *g*-Faktor laden würden als auf anderen spezifischen Faktoren, die für eine sinnvolle Profilanalyse notwendig wären.

Flanagan et al. (2013, S. 228) entgegnen jedoch, dass solche Einwände („attack"; ebd.) gegen Profilanalysen auf die langsame Entwicklung psychometrischer Instrumente und Methoden zur Erhebung *distinkter* kognitiver Fähigkeiten. Tatsächlich dehnen Sie den PSW-Ansatz als *Cross-Battery-Assessment* (XBA; s. Abschn. 7.3) über unterschiedliche Diagnostika aus. Eines jedoch lässt sich nicht von der Hand weisen: „However, if these profiles cannot be reliably identified and different measures will identify different individuals, the validity of the theory must be questioned" (Taylor et al. 2017, S. 553).

## 7.2     Ab welchem Unterschied unterscheiden sich Messergebnisse?

Da sich die Diskrepanzen nunmehr auf die unterschiedlichen Faktoren und Untertests innerhalb des Intell.konstrukts/-tests beziehen, wird statt der IQD die sogenannte *kritische Differenz*[3] zwischen den IQ-Indices zu bestimmen sein: „Wie weit müssen zwei Test-Scores auseinanderliegen, damit die Differenz (auf einem gewählten Signifikanzniveau) als erheblich gilt" (Fisseni 1997, S. 92), und „mit hinlänglicher Sicherheit ausgeschlossen werden kann, daß sie nur durch Messfehler zustande gekommen ist" (Tent und Stelzl 1993, S. 65)? „Bei der kritischen Differenz handelt es sich also um ein Konfidenzintervall für eine Differenz" (Rentzsch und Schütz 2009, S. 141). Statt des Standardmessfehlers (s. Abschn. 6.1.3) wird hier die Standardabweichung der Rohwerte herangezogen. Erweist sich die ermittelte Differenz als gleich der kritischen Differenz oder größer, dann ist sie signifikant.

Die Sicherheit, mit der angenommen werden kann, dass eine Testwertdifferenz $diff_{(X1-X2)}$ tatsächlich nicht auf Messfehler zurückzuführen ist, lässt sich gemäß Konvention anhand eines zweiseitigen Signifikanzniveaus von $\alpha = .05$ auf 95 % beziffern[4]. Dies entspricht einem z-Wert von $z_\alpha = 1.96$. Eine Formel zur Berechnung der kritischen Differenz lautet

$$diff_{(X1-X2)} = z_\alpha \cdot SD \cdot \sqrt{2 - (r_{tt(1)} + r_{tt(2)})},$$

wobei $r_{tt(1)}$ und $r_{tt(2)}$ die Rel. der unterschiedlichen Subtests 1 und 2, denen die Testwerte X1 und X2 entstammen, und *SD* die Standardabweichungen des Gesamttests – „sofern die Standardabweichungen der Untertests gleich groß ausfallen" (Rentzsch und Schütz 2009, S. 141); „gleicher Mittelwert, gleiche Streuung" (Leichner 1979, S. 50). Es muss *Homoskedastizität* vorliegen – das heißt „gleiche Fehlervarianz in allen Skalenbereichen" (Tent und Stelzl 1993, S. 48).

Sowohl Fisseni (1997) als auch Tent und Stelzl (1993) führen zur Erläuterung eine Beispielrechnung anhand des IST 70 (Intelligenz-Struktur-Test; Amthauer, 1973) an. Bei einem Standardwert (SW) im Untertest *Analogien* von $SW_{AN} = 115$ und von $SW_{ME} = 102$ im Untertest Merken mit $r_{tt(AN)} = .86$ und $r_{tt(ME)} = .90$ ergibt

---

[3]Es erweist sich als selbstverständlich, dass kritische Differenzen regelmäßig geringer ausfallen als die dargestellten Diskrepanzkriterien. Eine wesentliche Rolle spielen krit. Diff. auch bei der Testwertinterpretation in der Veränderungsmessung.

[4]Oftmals wird das Signifikanzniveau auch mit .15 angegeben, was bereits sehr geringe Differenzen statistisch signifikant werden lässt (vgl. Daseking 2009, S. 28).

sich als kritischer Wert $diff_{(AN-ME)} = 1.96 \cdot 10 \cdot \sqrt{2 - (.86 + .90)} = 9.6 SW$. Eine Testwertdifferenz von $diff_{(AN-ME)} > 9.6 SW$ erwiese sich entsprechend auf dem 5 %-Niveau als signifikant.

Ein aktuelleres Beispiel sei für die WISC-IV (F. Petermann und U. Petermann, 2011) mit Bezug auf eine Rechenstörung angeführt. Der Subtest *Matrizen-Test* (MZ, $r_{tt} = .89$) lädt hoch auf dem breiten CHC-Faktor *Gf*, fluide Intell., und den engen Faktoren *Induktives Denken* (I) und *Sequenzielles Schlussfolgern* (RG). „Inductive (I) and General Sequential (RG) reasoning abilities are consistently related to math achievement at all ages" (Flanagan et al. 2011, S. 265; vgl. Renner und Mickley 2015, S. 70) und richtet sich ebenfalls an die neuropsychologischen Domänen visuell-räumliche Fertigkeiten und Exekutivfunktionen (s. Flanagan et al. 2011, S. 248). Dies entspricht eindeutig der Konzeptualisierung der UESF als Neuroentwicklungsstörung gemäß DSM-5 und der Leitlinie Rechenstörung der DGKJP (2015, S. 6).

Hingegen lädt der WISC-IV-Subtest *Allgemeines Verständnis* (AV, $r_{tt} = .81$; Lipsius 2008, S. 54) auf dem breiten Faktor *Gc*, kristalline Intell., sowie auf den engen Intell.faktoren *Allgemeines verbales Wissen* (KO) und *Sprachentwicklung* (LD). Der Subtest stellt Anforderungen an verbal-auditive, gedächtnis- und sprachbezogene neuropsychologischen Domänen. Flanagan et al. (2011, S. 47 f) geben keine Überschneidungen zwischen den Subtests an.

Gemäß der eingeführten Formel ergäbe sich für die Subtests Matrizen-Test und Allgemeines Verständnis eine kritische Differenz von $diff_{(MZ-AV)} = 1.96 \cdot 15 \cdot \sqrt{2 - (.89 + .81)} = 16.1$. Betrüge die Differenz zwischen beiden Subtestergebnissen > 16.1 IQ-Punkte, läge eine signifikante Abweichung vor. Wir könnten zu 95 % sicher sein, dass die Testperson im Matrizen-Test tatsächlich über bessere Begabungen in *Gf* verfügt als in *Gc*.

Als zusätzlich fragwürdig erweist sich, ob die ermittelte Differenz neben der bloß statistischen Signifikanz auch tatsächlich von klinischer Bedeutung ist (zur Häufigkeitsverteilung von Differenzen s. einführend etwa Tent & Stelzl, 1993, S. 66 f). Dies wird bei der WISC-IV anhand der sogenannten Grundrate ermittelt, die „den prozentualen Anteil der Vergleichsstichprobe an[gibt], der in der jeweiligen Index- oder Untertestpaarung diese oder eine höhere Differenz erreicht hat" (Daseking et al. 2009, S. 29; s. Taylor und Russel 1939; vgl. Noack und Petermann 1995). Eine Grundrate $\leq 10\,\%$ könne oftmals als klinisch bedeutsam angesehen werden (Daseking et al. 2009, S. 29).

## 7.3 XBA – Cross-Battery-Assessment

Sind die Subskalen von Testverfahren jedoch nicht gleich normiert, kann die Messwertdifferenz nicht unmittelbar überprüft werden. Sie muss „vor der Prüfung auf ein gemeinsames Normsystem transformiert werden" (Leichner 1979, S. 50). Das sogenannte Cross-Battery-Assessment (Flanagan und McGrew 1997) sieht nun genau dies für eine testverfahrenübergreifende Vergleichbarkeit von Ergebnissen vor. Es werden „critical values for statistical significance and base rate for composites on comprehensive cognitive and achievement batteries" (Flanagan et al. 2013, S. 274 App. D) verwendet, um bestehende Diskrepanzen zu bewerten.

Dieser wie auch der PSW-Ansatz gewinnt zunehmend an Einfluss bei der Diagnostik von UESF, wird jedoch ebenfalls nicht kritiklos angenommen (vgl. etwa Beaujean et al. 2018; Kranzler et al. 2016). Der Leserschaft soll diese interessante Vorgehensweise dennoch nicht vorenthalten werden:

Das Ziel besteht darin, ein Konstrukt (hier: Intell.) gemäß der individuellen diagnostischen Zielsetzung beziehungsweise Fragestellung möglichst *konstruktrepräsentativ* (für eine mögliche Operationalisierung vgl. Renner und Mickley 2015) abzubilden und dabei „to minimize construct underrepresentation and construct irrelevant variance during an evaluation" (Hale et al. 2008, S. 120). Die Autoren ziehen zur Bestimmung der Größe (*magnitude*) von kritischen Differenzen die Standardabweichung der Differenzwerteverteilung heran: „The formula for evaluating wether two scores can be considered to be different is based on the *SD of the distribution of difference scores* [SD(diff)] which takes into account the reliabilities of subtests and their intercorrelation" (Flanagan et al. 2013, S. 140).

$$SD(\mathit{diff}) = SD \cdot \sqrt{(2 - 2 \cdot r)}$$

Hinzu kommt der Einbezug der Grundrate, „regarding the frequency with which test score differences of various magnitudes appear in the general population" (ebd.) gemäß der Formel zur Bestimmung einer entsprechenden *infrequency* als *uncommon:*

$$\mathit{Infrequency}(< 10\%) = (SD \cdot \sqrt{2 - 2 \cdot r_{xy}}) \cdot 1.65$$

(1.65 – d. h. $z_\alpha$ – bezieht sich auf ein Signifikanzniveau von $\alpha = 90\,\%$). Mit dieser Vorgehensweise werde sichergestellt, dass die spezifische Leistung anhand zweier auch testbatterieübergreifender Subtests auf einem Faktor homogen dargestellt wird und auch klinisch bedeutsam ist. Der Faktor wird nunmehr durch ein zusammenhängendes Kompositum (cohesive composite) widergespiegelt und sei somit innerhalb eines heterogenen Leistungsprofils interpretationsfähig.

Für die Bestimmung einer Diskrepanz bedeutet dies, dass die entsprechende spezifische Faktoren repräsentierenden Subtests deutlich von dem allgemeinen kognitiven Leistungsniveau abweichen. Sie werden daher mit einem Schätzer für intakte Fähigkeiten, dem sogenannten *Intact Ability Estimate* (IA-e; Flanagan et al. 2013, S. 385) in Beziehung gesetzt. Dieser wird automatisch anhand eingegebener Testergebnisse errechnet, die sich als durchschnittlich oder besser erweisen. Dabei wird zusätzlich ein ein *g-Value* ausgegeben, der die Frage beantwortet, ob „the individual's overall cognitive ability [is] at least average when the cognitive deficit(s) is not included in the estimate" (ebd., S. 459).

Interessanterweise wird für diese Diskrepanzbestimmung zwischen IA-e und cognitive beziehungsweise academic weakness keine Grundrate herangezogen. Vielmehr wird festgestellt, dass „experienced clinicians prefer to (and should) use their *jugdements* (rather than relying on strict cuttoffs), as … test performance must be interpreted within the context of other scources of quantitative and qualitative data" (Flanagan et al. 2013, S. 462 f.; Hervorhebung v. Verf.). Und hierzu reichen bloße Testwerte allein eben nicht aus.

Im Übrigen sollten sich die Intra-IQ-Differenzen an dieser Stelle als deutlich reliabler erweisen als die klassische IQD zwischen Intell. und SF. In Abschn. 6.1.4 wurde bereits deutlich, dass die Rel. der Messwertdifferenzen mit steigender Korrelation zwischen beiden Messungen sinkt (vgl. Reliabilitäts-Validitäts-Dilemma der Prozessdiagnostik) –, und die Korrelation zwischen Intell. und SF wurde gemäß Konzeptualisierung der UESF als erwartungswidriger Minderleistung mit $r = 1$ angenommen. Hier ist nun im Umkehrschluss davon auszugehen, dass die Rel. der Differenzen mit abnehmender Korrelation der Messungen steigt. Da die zur Identifikation einer UESF herangezogenen Subtests eines Intell.diagnostikums nach faktorenanalytischen Überlegungen gegenübergestellt werden, und da Faktoren definitionsgemäß untereinander unkorreliert sind, wird nunmehr die Passung mit der KTT ebenfalls verbessert. Es ergäbe sich $r_{kj} = 0 \Leftrightarrow r_{dd} = 1$.

Es bleibt spannend.

# Was Sie aus diesem *essential* mitnehmen können

- Modernisierungs- und Globalisierungsprozesse lassen eine methodologisch isolierende Analyse von Kultur und Gesellschaft nicht länger zu.
- Methodische Herangehensweisen an die historische Soziologie können deduktiv, interpretativ, kausalanalytisch auf der Mikro- oder Makroebene oder, durch die Kombination verschiedener Ansätze erfolgen (Weber).

# Literatur


American Psychiatric Association. (2013). *DSM-5. Diagnostics and statistical manual of mental disorders* (5. Aufl.). Washington: Author.

Amthauer, R. (1973). *Intelligenz-Struktur-Test 70. IST 70* (4. Aufl.). Göttingen: Hogrefe.

Anastasi, A. (1967). Psychology, psychologists, and psychological testing. *American Psychologist, 22,* 297–306.

Anastasi, A. (1984). Aptitude and achievements tests: The curious case of the indestructible strawperson. In B. S. Plake (Hrsg.), *Social and technical issues in testing: Implications for test construction and usage* (S. 128–140). Hilldale: Lawrence Erlbaum Associates.

Arbeitsgemeinschaft der Wissenschaftlichen Medizinischen Fachgesellschaften. (2018). Die AWMF. Aufgaben und Ziele. https://www.awmf.org/die-awmf/aufgaben-und-ziele.html.

Beaujean, A., Benson, N. F., McGill, R., & Dombrowski, S. (2018). A misuse of IQ-Scores: Using the dual discrepancy/consistency model for identifying specific learning disabilities. *Journal of Intelligence, 6,* 1–25.

Bortz, J., & Döring, N. (2002). *Forschungsmethoden und Evaluation für Human- und Sozialwissenschaftler* (3. Aufl.). Berlin: Springer.

Bundesministerium für Arbeit und Soziales. (Hrsg.). (2008). *Anhaltspunkte für die Gutachtertätigkeit im sozialen Entschädigungsrecht und nach dem Schwerbehindertenrecht (Teil 2 SGB IX).* Bonn: Autor.

Carroll, J. B. (1993). *Human cognitive abilities: A survey of factor analytic studies.* New York: Cambridge University Press.

Catell, R. B. (1944). Psychological measurement: Normative, ipsative, interactive. *Psychological Review, 51,* 292–303.

Daseking, M. (Hrsg.). (2009). *Fallbuch HAWIK-4.* Göttingen: Hogrefe.

Dejerine, J. (1892). Contribution à l'étude anatomoclinique et Clinique des differentes variétés de cétité verbal. *Mémoires de la Société de Biologie, 4,* 61–90.

Deutsche Gesellschaft für Kinder- und Jugendpsychiatrie, Psychosomatik und Psychotherapie. (2015). *Diagnostik und Behandlung von Kindern und Jugendlichen mit Lese- und / oder Rechtschreibstörung.*http://www.awmf.org/uploads/tx_szleitlinien/028-044l_S3_Lese-Rechtschreibst %C3%B6rungen_Kinder_Jugendliche_2015-06.pdf



© Springer Fachmedien Wiesbaden GmbH, ein Teil von Springer Nature 2019
L. Tischler, *Diskrepanzkriterien in der Diagnostik von Legasthenie und Dyskalkulie,* essentials, https://doi.org/10.1007/978-3-658-25158-1

Deutsche Gesellschaft für Kinder- und Jugendpsychiatrie, Psychosomatik und Psychotherapie. (2018). *S3-Leitlinie: Diagnostik und Behandlung der Rechenstörung.* http://www.awmf.org/uploads/tx_szleitlinien/028-046l_S3_Rechenst%C3%B6rung-2018-03_1.pdf

Deutsche Gesellschaft für Kinder- und Jugendpsychiatrie und Psychotherapie. (Hrsg.). *Leitlinien zur Diagnostik und Therapie von psychischen Störungen im Säuglings-, Kindes- und Jugendalter* (3., überarbeitete Aufl.). Köln: Deutscher Ärzte.

Deutsches Institut für Medizinische Dokumentation und Information. (Hrsg.). (2005). *ICF. Internationale Klassifikation der Funktionsfähigkeit, Behinderung und Gesundheit.* Genf: World Health Organization.

Deutsches Institut für Medizinische Dokumentation und Information. (2018). *ICD-10-GM Version 2018. Kapitel V Psychische und Verhaltensstörungen (F00-F99). Entwicklungsstörungen (F80-F89).* https://www.dimdi.de/static/de/klassi/icd-10-gm/kodesuche/onlinefassungen/htmlgm2018/block-f80-f89.htm

Deutsches Institut für Medizinische Dokumentation und Information. (2015). *ICD-10 WHO.* https://www.dimdi.de/static/de/klassi/icd-10-who/

Dilling, H., & Freyberger, H. J. (2010). *Taschenführer zur ICD-10-Klassifikation psychischer Störungen. Mit Glossar und Diagnostischen Kriterien ICD-10: DCR-10 und Referenztabellen ICD-10 v.s. DSM-IV-TR* (5., überarbeitete Aufl. unter Berücksichtigung der German Modification (GM) der ICD-10). Bern: Huber.

Dilling, H., Mombour, W., & Schmidt, M. H. (Hrsg.). (2008). *Internationale Klassifikation psychischer Störungen. ICD-10 Kapitel V(F). Klinisch-diagnostische Leitlinien* (6., vollständig überarbeitete Aufl.). Bern: Huber.

Dilling, H., Mombour, W., Schmidt, M. H., & Schulte-Markwort, M. H. (2011). *Internationale Klassifikation psychischer Störungen. ICD-10 Kapitel V (F). Diagnostische Kriterien für Forschung und Praxis* (5., überarbeitete Aufl.). Bern: Huber.

Dilling, H., Mombour, W., Schmidt, W., & Schulte-Markwort, E. (2016). *Internationale Klassifikation psychischer Störungen. ICD-10 Kapitel V (F). Diagnostische Kriterien für Forschung und Praxis* (6., überarbeitete Aufl. unter Berücksichtigung der Änderung gemäß ICD-10-GM). Göttingen: Hogrefe.

Erickson, M. T. (1975). The Z-score discrepancy method for identifying reading-disabled children. *Journal of Learning Disabilities, 8,* 308–312.

Ehlert, A., Schroeders, U., & Fritz-Stratmann, A. (2012). Kritik am Diskrepanzkriterium von Legasthenie und Dyskalkulie. *Lernen und Lernstörungen, 1,* 169–184.

Fisseni, H.-J. (1997). *Lehrbuch der psychologischen Diagnostik* (2., überarbeitete u. erweiterte Aufl.). Göttingen: Hogrefe.

Fisseni, H.-J. (2004). *Lehrbuch der psychologischen Diagnostik. Mit Hinweisen zur Intervention* (3., überarbeitete u. erweiterte Aufl.). Göttingen: Hogrefe.

Flanagan, D. P., & McGrew, K. S. (1997). A cross-battery approach to assessing and interpreting cognitive abilities: Narrowing the gap between practice and cognitive science. In D. P. Flanagan, J. L. Genshaft, & P. L. Harrison (Hrsg.), *Contemporary intellectual assessment* (S. 314–325). New York: Guilford Press.

Flanagan, D. P., Ortiz, S. O., Alfonso, V. C., & Dynad, A. M. (2006). Integration of response to intervention and norm-referenced tests in learning disability identification: Learning from the Tower of Babel. *Psychology in the Schools, 43,* 807–825.

Flanagan, D. P., Alfonso, V. C., & Mascolo, J. T. (2011). A CHC-based operational definition of SLD. Integrating multiple data scources and multiple data gathering methods. In

D. P. Flanagan & V. C. Alfonso (Hrsg.), *Essentials of specific learning disability identification* (S. 233–298). Hoboken: Wiley.

Flanagan, D. P., Ortiz, S. O., & Alfonso, V. C. (2013). *Essentials of cross-battery assessment* (3. Aufl.). Hoboken: Wiley.

Freyberger, H. J., & Muhs, A. (1993). Entwicklung und Konzepte operationalisierter Diagnosensysteme. In W. Schneider, H. J. Freyberger, A. Muhs, & G. Schüßler (Hrsg.), *Diagnostik und Klassifikation nach ICD-10 Kap. V. Eine kritsiche Auseinandersetzung* (S. 43–66). Göttingen: Vandenhoeck & Ruprecht.

Freyberger, H. J., Dittmann, V., Stieglitz, R.-D., & Dilling, H. (1990). ICD-10 in der Erprobung: Ergebnisse einer multizentrischen Feldstudie in den deutschsprachigen Ländern. *Nervenarzt, 61,* 271–275.

Freyberger, H. J., Stieglitz, R.-D., & Dilling, H. (1992). Ergebnisse multizentrischer Diagnosenstudien zur Einführung des Kapitels V (F) der ICD-10. *Fundamenta Psychiatrica, 6,* 121–127.

Galton, F. (1886). Regression towards mediocrity in hereditary stature. *Journal of the Anthropological Institute, 15,* 246–263.

Graichen, J. (1973). Teilleistungsschwächen, dargestellt an Beispielen aus dem Bereich der Sprachbenützung. *Zeitschrift für Kinder- und Jugendpsychiatrie, 1,* 113–143.

Guilford, J. P. (1954). *Psychometric methods* (2. Aufl.). New York: McGraw-Hill.

Gulliksen, H. (1950). *Theory of mental tests.* New York: Wiley.

Häcker, H. & Stapf, K.-H. (Hrsg.). (1998). *Dorsch. Psychologisches Wörterbuch* (13., überarbeitete u. erweiterte Aufl.). Bern: Huber.

Hale, J. B., Fiorello, C. A., Miller, J. A., Wenrich, K., Teodori, A., & Henzel, J. (2008). WISC-IV interpretation for Specific Learning Disabilities identification and intervention: A cognitive hypothethis testing approach. In A. Prifitera, D. H. Saklofske, & L. G. Weiss (Hrsg.), *WISC-IV clinical assessment and intervention* (2. Aufl., S. 109–171). Amsterdam: Academic Press.

Hanses, P., & Rost, D. H. (1998). Das «Drama» der hochbegabten Underachiever – «Gewöhnliche» oder «außergewöhnliche» Underachiever. *Zeitschrift für Pädagogische Psychologie, 12,* 53–71.

Hinshelwood, J. (1917). *Congenital word blindness.* London: Lewis.

Horn, J. L., & Noll, J. (1997). Human cognitive capabilities: Gf-Gc theory. In D. P. Flanagan, J. L. Genshaft, & P. L. Harrison (Hrsg.), *Contemporary intellectual assessment: Theories, tests and issues* (S. 53–91). New York: Guilford.

Jensen, A. R. (2002). SASP interwies: Arthur R. Jensen. *SASP News, 2*(4), 8–19.

Johnson, D. J., & Myklebust, H. R. (1980). *Lernschwächen. Ihre Formen und ihre Behandlung* (3., unveränderte Aufl.). Stuttgart: Hippokrates-Verlag.

Kingma, J., & Koops, W. (1983). Piagetian tasks, traditional intelligence and achievement tests. *British Journal of Educational Psychology, 53,* 278–290.

Klasen, E. (1971). *Das Syndrom der Legasthenie. Unter besonderer Berücksichtigung physiologischer, psychopathologischer, testpsychologischer und sozialer Korrelate* (2., unveränderte Aufl.). Bern: Huber.

Kluge, F. (1989). *Etymologisches Wörterbuch der deutschen Sprache* (22. Aufl.). Berlin: Walter de Gruyter.

Kranzler, J. H., Floyd, R. G., Benson, N., Zaboski, B., & Thibodaux, L. (2016). Cross-Battery Assessment pattern of strengths and weaknesses approach to the identification of specific learning disorders: Evidence-based practice or pseudoscience? *International Journal of School & Educational Psychology, 4,* 146–157.

Küchenhoff, J. (2006). Braucht die internationale klassifizierende Diagnostik noch die Psychodynamik – und wozu? In H. Böker, H. J. Freyberger, A. Muhs, & G. Schüßler (Hrsg.), *Psychoanalyse und Psychiatrie. Geschichte, Krankheitsmodelle und Therapiepraxis* (S. 205–222). Berlin: Springer.

Leichner, R. (1979). *Psychologische Diagnostik: Grundlagen, Kontroversen, Praxisprobleme.* Weinheim: Beltz.

Lenhard, W., & Lenhard, A. (2015). *Normwertrechner.* https://www.psychometrica.de/normwertrechner.html, https://doi.org/10.13140/RG.2.1.4592.5363. Zugegriffen: 18. Sept. 2018.

Linder, M. (1951). Über Legasthenie (spezielle Leseschwäche). 50 Fälle, ihr Erscheinungsbild und Möglichkeiten der Behandlung. *Zeitschrift für Kinderpsychiatrie, 18,*97–143.

Lipsius, M. (2008). *Validitätsstudie zum HAWIK-IV im Vergleich zum HAWIK-III.* http://elib.suub.uni-bremen.de/diss/docs/00011510.pdf

Luria, A. R. (1970). *Die höheren kortikalen Funktionen des Menschen und ihre Störungen bei örtlichen Hirnschädigungen.* Berlin: VEB Deutscher Verlag der Wissenschaften.

Magnusson, D. (1969). *Testtheorie.* Wien: Franz Deuticke.

McDermott, P. A., Fantuzzo, J. W., & Glutting, J. J. (1990). Just say no to subtest analysis: A critique on Wechsler theory and practice. *Journal of Psychoeducational Assessment, 8,* 290–302.

Mikula, G. (1998). Kriterium. In H. Häcker & K. H. Stapf (Hrsg.), *Dorsch. Psychologisches Wörterbuch* (13., überarbeitete u. erweiterte Aufl., S. 471 f.). Bern: Huber.

Muche-Borowski, C., & Kopp, I. (2015). Medizinische und rechtliche Verbindlichkeit von Leitlinien. *Zeitschrift für Herz-, Thorax- und Gefäßchirurgie, 29,* 116–120.

Naglieri, J. A. (1999). *Essentials of cognitive assessment system interpretation.* New York: Wiley.

Noack, H., & Petermann, F. (1995). Entscheidungstheorie. In R. S. Jäger & F. Petermann (Hrsg.), *Psychologische Diagnostik* (S. 295–310). Weinheim: Beltz PVU.

Nölling, T. (2014). Es bleibt dabei: Leitlinien sind nicht rechtlich verbindlich. *GMS Mitteilungen aus der AWMF 2014,* 11. http://www.e-gms.de/static/pdf/journals/awmf/2014-11/awmf000295.pdf

Petermann, F., & Petermann, U. (2011). *WISC-IV. Wechsler Intelligence Scale for Children* (4. Aufl.). Frankfurt: Pearson.

Remschmidt, H., Schmidt, M., & Poustka, F. (Hrsg.). (2006). *Multiaxiales Klassifikationsschema für psychische Störungen des Kindes- und Jugendalters nach ICD-10. Mit einem synoptischen Vergleich von ICD-10 und DSM-IV* (5., vollständig überarbeitete u. erweiterte Aufl.). Bern: Huber.

Remschmidt, H., Schmidt, M., & Poustka, F. (Hrsg.). (2017). *Multiaxiales Klassifikationsschema für psychische Störungen des Kindes- und Jugendalters nach ICD-10. Mit einem synoptischen Vergleich von ICD-10 und DSM-5®* (7. aktualisierte Aufl.). Göttingen: Hogrefe.

Renner, G., & Mickley, M. (2015). Intelligenzdiagnostik im Vorschulalter. CHC-theoretisch fundierte Untersuchungsplanung und Cross-battery-assessment. *Frühförderung interdisziplinär, 34*(5), 67–83.

Rentzsch, K. & Schütz, A. (2009). *Psychologische Diagnostik. Grundlagen und Anwendungsperspektiven* (Grundriss der Psychologie Bd. 16). Stuttgart: Kohlhammer.

Schaupp, H., Holzer, N., & Lenart, F. (2010). *ERT 4+. Eggenberger Rechentest 4+.* Bern: Huber.

Schneider, W., Freyberger, H. J., & Stieglitz, R.-D. (1993). Die Forschungskriterien im Bereich der Psychotherapie/Psychosomatik – Fragestellungen und Untersuchungsdesign. In W. Schneider, H. J. Freyberger, A. Muhs, & G. Schüßler (Hrsg.), *Diagnostik und Klassifikation nach ICD-10 Kap. V. Eine kritsiche Auseinandersetzung* (S. 69–84). Göttingen: Vandenhoeck & Ruprecht.

Schulte-Körne, G., Deimel, W., & Remschmidt, W. (2001). Zur Diagnostik der Lese-Rechtschreibstörung. *Zeitschrift für Kinder- und Jugendpsychiatrie und Psychotherapie, 29,* 113–116.

Shepard, L. (1980). An evaluation of the regression discrepancy method for identifying children with leaning disabilities. *The Journal of Special Education, 14,* 79–91.

Siegel, L. S. (1989). IQ is irrelevant to the definition of learning disabilities. *Journal of Learning Disabilities, 22,* 469–478.

Siegel, L. S. (1999). Issues in the definition and diagnosis of learning disabilities: A perspective on Guckenberger v. Boston University. *Journal of Learning Disabilities, 32,* 304–319.

Spearman, C. (1904). "General Intelligence", objectively determined and measured. *The American Journal of Psychology, 15,* 201–292.

Spearman, C. E. (1927). *The abilities of man: Their nature and measurement.* London: Macmillan.

Stock, C., Marx, P., & Schneider, W. (2017). *BAKO 1-4. Basiskompetenzen für Lese-Rechtschreibleistungen* (2. Aufl.). Göttingen: Hogrefe.

Taylor, H. C., & Russell, J. T. (1939). The relationship of validity coefficients to the practical effectiveness of tests in selection: Discussion and tables. *Journal of Applied Psychology, 23,* 565–578.

Taylor, W. P., Miciak, J., Fletcher, J. M., & Francis, D. J. (2017). Cognitive discrepancy models for specific learning disabilities identification: Simulations of psychometric limitations. *Psychological Assessment, 29,* 446–457.

Tent, L., & Stelzl, I. (1993). *Pädagogisch-psychologische Diagnostik.* (Bd. 1)., Theoretische und methodische Grundlagen Göttingen: Hogrefe.

Terman, L. M. (1925). *Genetic studies of genius. Vol. 1 – Mental and physical traits of a thousand gifted children.* Stanford: Stanford University Press.

Tischler, L. (2016). *Das Doppelte Diskrepanzkriterium gemäß Forschungskriterien nach ICD-10 in der klinischen Praxis.* https://doi.org/10.13140/RG.2.2.22123.75040

Tischler, L. (2017). *CHC-theoretisch fundierte Differenzierung der IQ-Diskrepanz bei Lese- und Rechtschreib- und Rechenstörung.* https://doi.org/10.13140/RG.2.2.16160.48640

Thorndike, R. L. (1963). *The concepts of over- and under-achievement.* New York: Bureau of Publications, Teachers College, Columbia University.

Van den Broeck, W. (2002a). The missconception oft he regression-based discrepancy operationalization in the definition and research of learning disabilities. *Journal of Learning Disabilities, 35,* 194–204.

Van den Broeck, W. (2002b). Will the real discrepant learning disability please stand up? *Journal of Learning disabilities, 35,* 209–213.

Warnke, A., Hemminger, U., & Plume, E. (2004). *Lese-Rechtschreibstörungen. Leitfaden Kinder- und Jugendpsychiatrie.* Göttingen: Hogrefe.

Watkins, M. W., Glutting, J. J., & Youngstrom, E. A. (2005). Issues in subtest profile analysis. In D. P. Flanagan & P. L. Harrison (Hrsg.), *Contemporary intellectual assessment. Theories, tests and issues*. New York: Guilford Press.

Wiczerkowski, W., & Schümann, M. (1978). Klassische Testtheorie. In K. J. Klauer (Hrsg.), *Handbuch der Pädagogischen Diagnostik* (Bd. 1, S. 41–58). Düsseldorf: Schwann.

Wilson, L. R., & Cone, T. (1984). The regression equation method of determining academic discrepancy. *Journal of School Psychology, 22,*95–110.

World Health Organization. (1993). *The ICD-10 classification of mental and behavioral disorders. Diagnostic criteria for research*. Geneva: Author.

World Health Organization. (2002). *ICF. International Classification of Functioning, Disability and Health*. Geneva: Author.

World Health Organization. (2018). *6A03 developmental learning disorder*. https://icd.who.int/browse11/l-m/en#/http%3a%2f%2fid.who.int%2ficd%2fentity%2f2099676649.